LE JOURNAL MAGIQUE DE LILI

58, rue Jean Bleuzen – 92 178 VANVES CEDEX

Illustrations de couverture : ©Oleg Lyfar_iStock
Principe graphique et mise en page : Jennifer Simboiselle
Préparation de copie et relecture : Clémentine Sanchez
Fabrication : Anne-Laure Soyez
Pour contacter l'éditeur : support@lelotusetlelephant.com

Dépôt légal : mai 2025
ISBN : 978-2-01-727999-0/01
76-3292-9
Achevé d'imprimé en avril 2025 en Espagne

Pour l'éditeur, le principe est d'utiliser des papiers composés de fibres naturelles, renouvelables, recyclables et fabriqués à partir de bois issus de forêts qui adoptent un système d'aménagement durable.
En outre, l'éditeur attend de ses fournisseurs de papier qu'ils s'inscrivent dans une démarche de certification environnementale reconnue.

PAPIER À BASE DE FIBRES CERTIFIÉES

hachette s'engage pour l'environnement en réduisant l'empreinte carbone de ses livres. Celle de cet exemplaire est de :
1,3 kg éq. CO_2
Rendez-vous sur www.hachette-durable.fr

Lili Sélénée

LE JOURNAL MAGIQUE DE LILI

Découvrir la Mundane Magick, la magie simple et joyeuse du quotidien

Le lotus & l'éléphant

Sommaire

À ma Marie,
Mon amie, ma confidente, ma sœurcière.
Celle qui, avec douceur et puissance, sait lire dans les étoiles,
murmurer aux esprits et tisser des sorts d'amour et de lumière.
Ton savoir et ta magie m'émerveillent chaque jour. Tu fais de chaque
instant une danse envoûtante entre l'invisible et le réel.
Merci d'être là, toujours présente, toujours sage, avec
ton grand cœur ouvert et ton esprit libre.

À mon Ours,
Compagnon infatigable, mon protecteur.
Ta force et ta tendresse me guident dans chaque épreuve, chaque aventure.
Tu es mon pilier, celui qui veille dans l'ombre, celui qui me réchauffe
dans la tempête, celui qui m'apaise par sa simple présence.

À toi Papa,
Mon premier fan, mon premier lecteur.
Malgré nos croyances différentes, tu as su trouver
les mots pour me guider et m'aider.
Je suis tellement fière que tu sois fier de moi. Merci !

À vous, je dois tant. Merci d'être mes constellations dans cet univers infini.

Préface

Bonjour, c'est Lili (*aka* la sorcière qui fait ce qu'elle peut). Bienvenue dans ce livre, ou plutôt dans mon journal magique, parce que, soyons honnêtes, je suis plus du genre à gribouiller des idées dans un carnet à moitié plein qu'à écrire un grimoire digne de ce nom. Je suis Lili, sorcière éclectique des campagnes, enchantée (et un peu nerveuse, mais ça, tu ne le vois pas).

Éclectique, ça veut dire quoi ? En gros, je prends ce qui me parle dans plein de traditions différentes. Pas de règles strictes, pas de dogmes compliqués. Si une recette magique demande une plume d'aigle rare et un cristal venu de la Lune, tu peux être sûr·e que je trouverai un moyen de remplacer ça par un caillou du jardin et un bout de ficelle. Mon approche est simple : tant que ça fonctionne et que ça me parle, ça me va. Alors oui, j'ai mes préférences, bien entendu. Mais il faut garder à l'esprit que la magie est avant tout une question de feeling et de ressenti.

Est-ce que je suis une grande sage de la magie ? Non, absolument pas ! Je n'ai pas la science infuse (même si je me fais des tisanes géniales), et mes expériences magiques sont parfois plus proches de la catastrophe que de l'illumination. Mais c'est ça aussi, le charme de la sorcellerie du quotidien : accepter d'être humain·e, de se tromper, de rire de soi-même… et de continuer quand même, avec un brin de folie.

La magie, pour moi, ce n'est pas un super-pouvoir. Ce n'est pas un bouton magique qui fait disparaître les problèmes. C'est plutôt un chemin. Un chemin fait d'expérimentations, de découvertes et d'évolutions. Un chemin qui me pousse à m'interroger : qu'est-ce qui compte vraiment pour moi ? Comment je peux m'améliorer, pas juste en tant que sorcière, mais en tant qu'être humain ? Et, surtout, comment je peux rendre la vie un peu plus belle – pour moi, pour ceux que j'aime, et pourquoi pas pour les inconnus croisés au hasard ?

Apprendre la magie du quotidien, c'est comme apprendre une langue étrangère : parfois tu te trompes, tu mélanges les mots, tu bafouilles. Mais au fil du temps, tu gagnes en fluidité. Tu remarques des nuances que tu ne voyais pas avant. Et, par-dessus tout, tu te rends compte qu'il y a toujours plus à apprendre. Je crois que c'est ce qui rend ce voyage si fascinant : on ne devient jamais un·e « expert·e final·e » de la magie. On continue d'explorer, de s'émerveiller et d'évoluer.

Je vis à la campagne, en Alsace, entourée de nature, de champs et de beaucoup trop de silence parfois. Ici, mon univers est fait de petits riens : une bougie qui éclaire une soirée, une tasse de thé qui apaise un cœur lourd ou un chat qui décide que mon autel est son lit préféré (coucou Kawa, le coupable à poils).

Et ce livre, alors ? Ce n'est pas un manuel parfait, ni une vérité absolue sur la sorcellerie. C'est un mélange de réflexions, d'expériences et d'idées qui ont fonctionné (ou pas !) pour moi. Mon objectif, c'est de te montrer qu'il y a de la magie dans les gestes les plus simples, et que toi aussi, tu peux créer la tienne. La magie, c'est ici et maintenant.

Alors prends une tasse de ton breuvage préféré (oui, le chocolat chaud compte), installe-toi confortablement et prépare-toi à plonger dans un univers où l'humour côtoie l'émerveillement et où chaque jour est une nouvelle opportunité pour réenchanter ta vie.

Avec toute la magie et l'amour que je peux transmettre,

Lili

INTRODUCTION

La magie, c'est ici et maintenant

Quand on parle de magie, on s'imagine souvent des choses grandioses, pas vrai ? Des baguettes lumineuses, des sortilèges chuchotés dans des langues oubliées, des portails dimensionnels qui s'ouvrent dans un éclair de lumière... Bref, des trucs impressionnants et un peu intimidants. Mais laisse-moi te dire une chose : la magie n'a pas besoin d'être spectaculaire pour être puissante.

En fait, la magie la plus forte – celle qui change vraiment ta vie – est beaucoup plus simple. Elle ne vit pas dans les grandes cérémonies ou les livres poussiéreux. Elle est là, dans les petits gestes du quotidien, dans les moments où tu prends le temps d'être pleinement présent·e, ici et maintenant.

C'est exactement là où commence ce voyage : **dans l'instant présent**. Pas demain, pas dans un futur lointain où tu seras enfin « prêt·e » (spoiler : tu ne le seras jamais complètement, et c'est très bien comme ça). Non, la magie commence là, maintenant, avec toi, où que tu sois.

La magie des petites choses

Tu sais, les moments magiques ne sont pas toujours ceux que l'on attend. Ils ne viennent pas forcément avec des feux d'artifice ou des tambours tonitruants. Parfois, ils sont si discrets que l'on pourrait les manquer si on ne fait pas attention.

Imagine : tu es dehors et une légère brise caresse ton visage. Ou bien tu es en train de siroter une tasse de thé chaud après une journée épuisante. Ces moments, ces tout petits instants, sont remplis de magie. Il suffit de les remarquer.

La magie, ce n'est pas quelque chose qui vient de l'extérieur. Ce n'est pas un pouvoir réservé à quelques élu·e·s. C'est quelque chose que tu portes déjà en toi. Une capacité à transformer le plus banal en quelque chose de beau, de significatif.

Une magie qui n'a rien de parfait

Alors, soyons clairs tout de suite : je ne suis pas une grande prêtresse mystique ou une sorcière avec des milliers d'années de sagesse ancestrale. Je suis Lili, une sorcière éclectique qui vit à la campagne et qui fait de son mieux. Ma magie n'est pas parfaite, loin de là. Parfois elle marche magnifiquement bien. Parfois elle dérape complètement (comme ce sort de prospérité qui a fini par m'apporter trois nouvelles factures à payer… Merci, l'Univers).

Mais tu sais quoi ? C'est ça aussi, la magie : apprendre, expérimenter, se planter, rire de soi-même et continuer. Elle n'a pas besoin d'être impeccable pour être authentique. Et franchement, un peu de chaos, ça met du piment dans la vie, non ?

Un chemin, pas une destination

La magie, ce n'est pas un objectif à atteindre. Ce n'est pas un diplôme à obtenir ou un niveau de compétence à débloquer. C'est un chemin. Un chemin fait de découvertes, d'émerveillements, et parfois d'erreurs hilarantes.

En pratiquant la magie, tu apprends à mieux te connaître. Tu te rends compte que chaque journée, même la plus ordinaire, peut être remplie de moments extraordinaires. Et surtout, tu comprends que tu as le pouvoir de transformer ta réalité, un petit geste à la fois.

Par exemple, un jour, j'ai décidé de transformer ma routine de ménage en rituel de purification. Armée d'un balai et d'un peu de sel, j'ai balayé non seulement la poussière, mais aussi les énergies stagnantes. Est-ce que c'était parfait ? Non. Est-ce que ça a fonctionné ? Oui. Et est-ce que mon chat Kawa a sauté dans le tas de sel en me regardant avec l'air le plus satisfait du monde ? Absolument.

Être présent·e : la clé de la magie

Ce qui rend la magie vraiment puissante, c'est ta capacité à être présent·e. À ralentir, à observer, à ressentir. À poser une intention claire et à agir avec conscience.

Parfois, on pense que la magie exige des outils sophistiqués ou des connaissances approfondies. Mais tu sais ce dont tu as vraiment besoin ? D'une intention. C'est tout. Que tu sois en train de faire la vaisselle, d'écrire dans un journal ou de marcher dans la nature, chaque geste peut devenir magique si tu y mets ton cœur.

Tu n'as pas besoin de savoir réciter des formules en latin (je ne parle pas latin non plus, donc pas de pression). Tu n'as pas besoin d'une collection de cristaux coûteux ou d'un autel hyper-sophistiqué. Ton autel peut être une étagère dans ta cuisine, ton rituel peut être aussi simple qu'une respiration profonde.

Une invitation à explorer

Alors, qu'est-ce que ce livre ? Ce n'est pas un manuel rempli de règles strictes ou une liste de « tu dois faire comme ci ou comme ça ». Ce livre, c'est une invitation. Une invitation à explorer, à jouer, à créer ta propre magie.

Je vais partager avec toi des idées, des rituels et des réflexions qui ont fonctionné pour moi. Mais surtout, je vais t'encourager à trouver ce qui fonctionne pour toi. Parce que la magie, c'est profondément personnel. Ce qui marche pour une personne peut être complètement inutile pour une autre, et c'est très bien comme ça.

Je veux que tu sortes de cette lecture avec une envie : celle de regarder ton quotidien avec des yeux neufs. De voir la magie là où tu ne l'attendais pas. De réenchanter ta vie, un geste, une intention, un sourire à la fois.

Prêt·e à commencer ?

La magie t'attend. Pas demain, pas dans une autre vie, pas dans un endroit lointain et mystérieux. Elle est ici, maintenant, dans ce moment précis où tu es. Et crois-moi, elle n'attend que toi pour s'éveiller.

Avec toute ma gratitude, mon humour et un soupçon de magie,

Lili

PARTIE I

Les fondations de la magie du quotidien

Qu'est-ce que la Mundane Magick ?

Quand tu entends le mot « magie », tu imagines peut-être des éclairs qui jaillissent, des formules mystérieuses scandées sous une pleine lune ou des chaudrons bouillonnants remplis de potions colorées. Mais laisse-moi te dire un secret : la magie ne ressemble pas à un film. Enfin, pas toujours.

La Mundane Magick, c'est une autre histoire. Elle ne s'annonce pas avec des effets spéciaux. Elle est là, discrète, dans ton quotidien, à portée de main. Pas besoin de fumée ni de miroirs – juste toi, une intention et une pincée de créativité.

Une magie accessible à tou·te·s

Quand on pense à la magie, il est facile d'imaginer des scènes dramatiques : des baguettes scintillantes qui lancent des éclairs, des potions bouillonnantes préparées avec des ingrédients improbables ou des sorciers vêtus de capes mystérieuses. Et si c'est ta vision, ne t'inquiète pas : je ne suis pas là pour la briser. Mais laisse-moi te présenter quelque chose d'encore mieux : une magie simple, accessible et prête à s'intégrer dans ta vie : la **Mundane Magick**.

Pas besoin de montagnes, de clairières enchantées ni même d'une forêt obscure. Ici, la magie est là où tu es, dans ce que tu fais chaque jour. Elle est dans ta tasse de thé, dans ton carnet de notes, dans la lumière d'une bougie, et même (parfois) dans ton chat Kawa qui décide de dormir sur ton grimoire improvisé.

Une magie qui s'intègre à ta vie (et non l'inverse)

La Mundane Magick est peut-être l'une des formes les plus démocratiques de magie. Elle ne demande pas d'étudier pendant des années ni de te plonger dans des grimoires complexes écrits en runes mystérieuses. Elle n'exige pas non plus de posséder des cristaux rares ou des outils magiques issus de contrées lointaines.

Cette magie s'adapte à toi, à ton rythme, à ta personnalité. Tu peux être un·e parent·e débordé·e qui jongle entre les tâches, un·e étudiant·e stressé·e, ou simplement quelqu'un qui cherche à trouver un peu de sens dans un monde parfois chaotique. Elle est là pour te rappeler que même dans le tumulte, tu peux trouver un instant de magie.

EXEMPLE

Imagine que tu laves la vaisselle après une longue journée. Rien de très excitant, n'est-ce pas? Mais si, en frottant cette assiette, tu prends un moment pour te dire : « Je nettoie aussi mon esprit des tracas d'aujourd'hui », alors voilà, tu viens de transformer une corvée en un rituel de purification. La magie, dans toute sa simplicité.

Pas besoin d'un matériel coûteux ou sophistiqué

Un des plus grands atouts de la Mundane Magick, c'est qu'elle ne te demande pas de vider ton compte en banque pour acheter des outils ésotériques ou des accessoires impressionnants. En fait, tout ce dont tu as besoin est probablement déjà chez toi :

- **une bougie :** même celle qui traîne dans ton tiroir depuis Noël dernier ;
- **un carnet :** celui où tu notes tes listes de courses est parfait pour devenir ton grimoire ;
- **une tasse :** ton mug préféré, même s'il est un peu ébréché, peut devenir ton calice magique ;
- **un caillou :** trouvé dans le jardin ou lors d'une promenade. Simple, gratuit, efficace.

C'est tout. Ce qui rend ces objets magiques, ce n'est pas leur apparence ni leur valeur monétaire, mais l'intention que tu y mets (et, tu te rappelles, l'intention, c'est le cœur de tout).

Un jour, j'ai décidé de transformer un caillou ramassé près d'une rivière en talisman. J'ai simplement tenu la pierre dans ma main et murmuré : « Que cette pierre me rappelle de rester ancrée dans les moments difficiles. » Depuis, ce petit caillou est sur mon bureau, et Kawa semble penser qu'il s'agit d'un trésor à garder précieusement, puisqu'il le déplace régulièrement dans sa cachette secrète (*alias* sous le canapé).

La magie dans les gestes simples

La Mundane Magick te montre que chaque geste peut devenir magique. Pas besoin de cérémonies élaborées ou de grandes déclarations. Ce qui compte, c'est d'y mettre une intention et un soupçon de présence.

Quelques idées pour transformer ton quotidien

- **Allumer une bougie** en disant : « Que cette lumière éclaire mon esprit. »
- **Boire ton café ou ton thé** en visualisant ton énergie se recharger avec chaque gorgée.
- **Marcher** en disant intérieurement : « À chaque pas, je me connecte à la Terre et je laisse partir ce qui ne me sert plus. »
- **Faire le ménage** en imaginant que tu purifies aussi l'énergie de ton espace.

Une magie pour toutes les vies

La Mundane Magick n'a pas de règles rigides. Elle te laisse toute la liberté de l'adapter à ta vie. Que tu sois débutant·e ou que tu pratiques depuis des années, elle t'accompagne là où tu es.

EXEMPLES DE MOMENTS MAGIQUES

- ✦ Tu as 5 minutes le matin? Allume une bougie et pose une intention.
- ✦ Tu as une heure le week-end? Crée un petit rituel pour te recentrer.
- ✦ Tu es en plein chaos? Prends 30 secondes pour tenir un objet qui te calme et murmure une pensée positive.

Un soir, après une journée particulièrement épuisante, j'ai simplement tenu ma tasse de thé et murmuré : « Que cette tasse m'apporte la paix. » Rien de plus. Kawa, perché sur une chaise, m'observait avec son air habituel de « je-sais-tout » et pourtant, j'ai ressenti un calme profond. C'est ça, la Mundane Magick : elle fonctionne même quand ta vie ressemble à un <u>joyeux bazar</u>.

Une magie qui te ressemble

Ce qui est génial avec la Mundane Magick, c'est qu'elle n'a pas de mode d'emploi unique. Elle t'invite à expérimenter, à jouer et à créer des pratiques qui te ressemblent. Si tu veux chanter sous la douche pour libérer ton énergie, vas-y. Si tu veux écrire tes pensées magiques dans un carnet, parfait. Et si ta manière de pratiquer la magie consiste à parler à tes plantes, alors bienvenue dans le club des sorcier·ère·s du quotidien !

Une invitation à explorer

La Mundane Magick, c'est une porte ouverte sur un monde où tout peut devenir magique : une bougie, une tasse, une promenade, ou même un sourire échangé avec un inconnu. Elle te montre que la magie est déjà là, dans ton quotidien, prête à être activée.

Alors pourquoi attendre ? La prochaine fois que tu allumes une bougie ou bois ton café, prends un instant pour poser une intention. Respire, ressens, et laisse la magie opérer. Et si Kawa décide de s'inviter dans ton rituel, considère ça comme une bénédiction féline.

EN RÉSUMÉ

La Mundane Magick est là pour tout le monde

Elle est simple, accessible et adaptable. Pas besoin d'être parfait·e, juste curieux·se et prêt·e à voir le monde avec des yeux un peu plus magiques.

L'intention : l'ingrédient clé

Si la magie était une recette, l'intention serait l'ingrédient que l'on met dans tous ! les plats, même ceux que l'on improvise. Elle est l'équivalent magique du sel : essentielle, subtile, et terriblement efficace. Sans intention, la magie perd son âme, comme un gâteau sans sucre ou une tisane sans miel.

La bonne nouvelle ? L'intention ne coûte rien, ne requiert pas d'outils sophistiqués et peut être posée à tout moment. La moins bonne nouvelle ? Il faut y mettre un peu de toi, de ta sincérité et de ta capacité à croire que ce que tu fais a du sens. Pas de panique, je vais tout t'expliquer.

C'est quoi, une intention ?

Une intention, c'est une pensée claire, une direction que tu donnes à ton énergie. Imagine que ton énergie est une rivière. Sans intention, elle s'écoule un peu partout, parfois dans des endroits inutiles. Avec une intention, tu crées un canal qui la dirige vers ton objectif.

L'intention, c'est aussi un dialogue avec toi-même. Elle te permet de clarifier ce que tu veux, de te reconnecter à ce qui est important pour toi et de donner du sens à ce que tu fais.

Avec ou sans intention : la différence

- **Sans intention** : tu allumes une bougie parce que c'est joli. Résultat : une ambiance sympa.
- **Avec intention** : tu allumes une bougie en disant : « Que cette flamme m'apporte clarté et inspiration. » Résultat : une ambiance sympa et une énergie dirigée vers un objectif précis.

Pourquoi l'intention est-elle essentielle?

L'intention, c'est un peu comme les coordonnées GPS de ta magie. Tu peux avoir les outils les plus sophistiqués ou suivre les rituels les plus complexes, si tu ne sais pas ce que tu veux atteindre, tu risques de tourner en rond.

C'est aussi l'intention qui donne vie à tout ce que tu fais. Sans elle, tu as peut-être des gestes jolis, mais ils restent vides. Avec une intention, même un simple souffle sur une bougie devient un acte sacré.

Un jour, j'ai décidé de faire un rituel pour attirer la sérénité. J'ai allumé une bougie, posé mon intention et pris quelques respirations profondes. C'était parfait... jusqu'à ce que Kawa saute sur la table, fasse tomber la bougie et me force à tout nettoyer. Et tu sais quoi? Même après ça, je me suis sentie calme. Parce que l'intention avait déjà effectué son travail.

Comment poser une intention ?

L'intention, c'est simple. C'est peut-être l'aspect le plus accessible de la magie. Voici un guide en quatre étapes :

1. Sois clair·e

L'intention doit être simple et compréhensible. Pas besoin de discours ou de poésie compliquée. Une phrase comme « Je choisis d'être calme aujourd'hui » ou « Je veux me concentrer sur mes objectifs » suffit amplement.

2. Connecte-toi au moment présent

Avant de poser ton intention, prends un instant pour respirer. Sens ton corps, observe ton environnement. Être présent·e, même pour quelques secondes, amplifie la puissance de ton intention.

3. Exprime-la à voix haute, dans ta tête ou par écrit

Les mots ont du pouvoir. Dis ton intention à voix haute, murmure-la dans ta tête ou écris-la dans un carnet. Si tu veux renforcer encore plus son énergie, associe-la à un geste, comme allumer une bougie ou tenir un cristal.

4. Fais confiance

Une fois ton intention posée, laisse-la vivre. Pas besoin de la répéter mille fois ou de surveiller chaque petit signe. Laisse-la suivre son cours et observe ce qui se passe.

EXERCICE PRATIQUE

La prochaine fois que tu prépares une tasse de thé, pose une intention. Par exemple : « Que cette boisson m'apporte réconfort et clarté. » Bois lentement, en gardant cette intention en tête.

Quand poser une intention?

Tu peux poser une intention à tout moment, pour tout ce qui compte pour toi. Voici quelques exemples :

- **Le matin :** avant de commencer ta journée, dis : « Je choisis de vivre cette journée avec calme et clarté. »
- **Avant une tâche stressante :** « Que cette tâche se déroule avec fluidité et facilité. »
- **En buvant ton café :** « Que cette boisson m'aide à trouver l'énergie dont j'ai besoin. »
- **Avant de dormir :** « Que cette nuit m'apporte repos et inspiration. »

Des idées d'intentions simples

Si tu es à court d'idées, voici quelques exemples pour t'inspirer :

- « Je choisis de rester ancré·e dans le présent. »
- « Je m'ouvre à la créativité et à la joie. »
- « Je libère les pensées qui ne me servent plus. »
- « Je crée de l'espace pour l'amour et l'abondance. »

Et si ça ne marche pas comme prévu?

Parfois, tes intentions ne se manifesteront pas comme tu l'espérais. Tu voulais une journée calme et ton voisin a décidé de passer la tondeuse à 6 heures du matin. Tu voulais être concentré·e et Kawa a transformé ton bureau en terrain de jeu. Ce n'est pas un échec.

La magie ne suit pas toujours un chemin linéaire. Parfois, elle t'apporte ce dont tu as besoin, pas ce que tu pensais vouloir. L'important, c'est d'apprendre, de rire des imprévus et de continuer à poser des intentions.

Un jour, j'ai posé une intention pour avoir « plus d'ancrage et de stabilité ». Quelques heures plus tard, je trébuchais sur une pierre dans mon jardin. Était-ce un message de l'Univers pour que je regarde où je mets les pieds ? Peut-être. En tout cas, ça m'a appris à prendre les choses avec humour.

L'intention comme moteur de transformation

L'intention, ce n'est pas juste un outil magique. C'est un état d'esprit. Elle te permet de diriger ton énergie vers ce qui compte vraiment pour toi, de te reconnecter à tes objectifs et de donner du sens à chaque geste.

EN RÉSUMÉ

L'intention, ton super-pouvoir magique

L'intention, c'est la clé de la Mundane Magick. Elle ne demande rien de plus qu'un moment de présence, une pensée claire et un soupçon de foi. Avec elle, tout devient possible, même dans les moments où tout semble chaotique (merci, Kawa).

Alors, que ce soit en allumant une bougie, en buvant ton thé, ou même en faisant la vaisselle, prends un instant pour poser une intention. C'est là, dans ce geste simple mais puissant, que la vraie magie commence.

La magie du quotidien : un chemin personnel et évolutif

La Mundane Magick, c'est un voyage. Pas une ligne droite, pas une course contre la montre, mais un sentier sinueux qui traverse des collines, des vallées, et parfois des détours inattendus (généralement provoqués par Kawa, qui décide de te distraire en pleine séance magique). Elle ne demande ni perfection, ni maîtrise instantanée. Elle te demande juste d'être là, d'explorer et d'accepter que chaque pas compte.

La magie du quotidien, c'est comme une conversation avec l'Univers, mais aussi avec toi-même. Elle t'accompagne, elle te challenge et elle évolue avec toi, un peu comme une vieille amie qui te connaît par cœur mais qui sait toujours te surprendre.

Une magie profondément personnelle

Ce qui fonctionne pour moi pourrait ne pas fonctionner pour toi – et c'est parfait comme ça. La Mundane Magick est une invitation à trouver ta propre voie, à créer tes propres pratiques et à honorer ce qui résonne en toi.

Personnalisation et créativité : le duo gagnant

Peut-être que ta magie se manifeste dans des rituels silencieux, où tu médites avec une bougie. Peut-être qu'elle prend vie dans des gestes dynamiques, comme danser pour libérer de l'énergie stagnante. Ou peut-être qu'elle se cache dans des moments d'écriture, où tu déposes tes pensées sur papier avec l'intention de les transformer.

Il n'y a pas de bonne ou de mauvaise manière de pratiquer. La seule question qui compte, c'est : « **Est-ce que cela me parle ? Est-ce que cela m'aide ?** »

Quand j'ai commencé, j'ai passé des heures à essayer de suivre les rituels que je voyais dans des livres ou sur Internet. Résultat : frustration et impression de ne pas être « assez magique ». Puis, un jour, j'ai décidé de créer mon propre rituel : j'ai allumé une bougie, tenu un caillou trouvé dans le jardin et murmuré une intention de calme. Ce n'était pas parfait, mais c'était moi, et c'est là que tout a changé.

Une magie qui grandit avec toi

La Mundane Magick n'est pas figée. Elle évolue en même temps que toi. Tes pratiques peuvent changer, s'enrichir, ou même se simplifier avec le temps. Ce qui te convenait hier pourrait ne plus te parler demain, et c'est une bonne chose.

Exemple d'évolution personnelle

- **Au début :** tu te contentes d'allumer une bougie avec une intention simple.
- **Avec le temps :** tu ajoutes un cristal ou une affirmation écrite.
- **Plus tard :** tu crées un rituel complet avec plusieurs éléments, ou tu reviens à la simplicité d'un souffle et d'une pensée.

Chaque étape est précieuse, et aucune n'est « meilleure » qu'une autre.

Il y a quelques années, mes rituels étaient très élaborés : plusieurs bougies, des herbes séchées, des dessins de symboles... Et puis, un jour, j'ai compris que ce dont j'avais besoin, c'était juste de m'asseoir avec une tasse de thé et de respirer. Aujourd'hui, je fais un mélange des deux selon mon humeur - et c'est ça, l'évolution.

Les erreurs sont des opportunités magiques

Si tu te lances dans la Mundane Magick en espérant que tout sera parfait du premier coup, je te le dis tout de suite : prépare-toi à quelques ratés. Mais c'est là que réside une partie de la magie : dans les imperfections, les surprises et les moments où tout dérape.

Quand tout ne se passe pas comme prévu

Peut-être que tu poses une intention de calme et que Kawa décide de renverser ta bougie. Peut-être que tu veux te connecter à la nature et qu'il se met à pleuvoir juste quand tu sors. Ces moments ne sont pas des échecs. Ce sont des rappels que la magie, comme la vie, est pleine d'imprévus.

Une fois, j'ai voulu faire un rituel de gratitude en plein air. J'avais préparé une bougie, un carnet et une intention claire. Au bout de cinq minutes, le vent a soufflé ma bougie et une fourmi est montée sur ma main. J'ai éclaté de rire, et tu sais quoi ? C'était le moment de gratitude le plus spontané que j'aie jamais vécu.

La Mundane Magick comme outil d'évolution personnelle

La magie du quotidien, ce n'est pas seulement transformer l'ordinaire en extraordinaire. C'est aussi un outil puissant pour mieux te connaître et évoluer.

Une introspection douce et puissante

Chaque intention posée, chaque rituel accompli, est une opportunité de te poser des questions importantes :

- **Qu'est-ce qui compte pour moi ?**
- **Quels sont mes besoins, ici et maintenant ?**
- **Comment puis-je prendre soin de moi ?**

La Mundane Magick te pousse à être honnête avec toi-même, à écouter ton intuition et à cultiver un espace de respect et d'amour envers toi-même.

EXERCICE PRATIQUE

À la fin de chaque semaine, prends cinq minutes pour noter ce que tu as appris grâce à ta pratique magique. Peut-être as-tu découvert que les gestes simples te parlent davantage que les grands rituels. Peut-être as-tu ressenti une connexion particulière en travaillant avec un élément spécifique. Chaque découverte est une pierre sur ton chemin.

Un chemin, pas une destination

La Mundane Magick n'a pas de fin. Elle n'a pas de sommet à atteindre ni de médaille à gagner. Elle est un voyage continu, une exploration, une aventure.

Et c'est ce qui la rend si belle. Elle te donne la permission de ralentir, d'essayer, de te tromper et de recommencer. Elle t'invite à voir ton quotidien sous un nouveau jour, à remarquer la magie dans les moments les plus simples et à avancer, un pas à la fois.

Un jour, après une longue période de doutes, j'ai décidé de simplifier ma pratique au maximum. Je me suis assise devant une bougie, j'ai respiré profondément et j'ai murmuré : « Merci pour ce moment. » Ce geste, aussi simple soit-il, m'a reconnectée à l'essence de la magie : la présence, la gratitude et l'émerveillement.

EN RÉSUMÉ

La magie est un chemin vivant

La Mundane Magick est un voyage unique et personnel. Elle te suit, grandit avec toi et te pousse à explorer des aspects de toi-même que tu n'avais peut-être jamais vus. Elle te montre que tout, absolument tout, peut devenir magique si tu choisis de le voir ainsi.

Alors avance à ton rythme. Essaie, explore, et surtout, amuse-toi. La magie est là, dans chaque instant, prête à être découverte – même si Kawa insiste pour s'inviter dans l'aventure.

Les bases pratiques

Bienvenue dans le cœur battant de la Mundane Magick : les bases pratiques. Pas de panique, ici, on ne parle pas de règles compliquées ou d'étapes interminables. On parle de t'outiller pour que ta magie quotidienne devienne fluide, accessible et, surtout, alignée avec toi. Prêt·e ? C'est parti.

Travailler avec les énergies : intention, visualisation et cycles naturels

Dans la Mundane Magick, la magie commence avec une simple prise de conscience : l'énergie est partout. Elle est dans tes gestes, dans tes pensées, dans la lumière d'une bougie, ou même dans le ronronnement de Kawa. Et cette énergie, tu peux l'utiliser, la canaliser et l'amplifier.

Travailler avec les énergies, c'est un peu comme devenir un·e chef·fe d'orchestre. Tu apprends à diriger cette symphonie invisible avec trois outils essentiels : l'intention, la visualisation et les cycles naturels. Pas besoin d'un diplôme en ésotérisme, juste un peu de curiosité, une pincée d'imagination et beaucoup de bienveillance envers toi-même.

L'intention : donner une direction à son énergie

L'intention est la pierre angulaire de la magie. C'est grâce à elle que tu transformes un geste ordinaire en un acte sacré. Imagine que ton énergie est comme une rivière. L'intention, c'est le barrage que tu construis pour orienter cette rivière vers un but précis.

Pourquoi l'intention est-elle si essentielle?

Parce qu'elle donne un sens à tout ce que tu fais. Sans intention, allumer une bougie est juste... allumer une bougie. Avec une intention, cette même bougie devient un phare pour éclairer ton chemin.

EXEMPLE CONCRET

Tu allumes une bougie pour travailler sur ta concentration.

- **Sans intention :** tu allumes la bougie et espères que quelque chose se passe.
- **Avec intention :** tu dis : « Que cette flamme m'aide à rester focalisé·e et productif·ve. » La magie commence.

Comment poser une intention puissante?

- **Sois clair·e et précis·e :** une intention vague donne des résultats vagues. Plutôt que « Je veux être heureux·se » essaie « Je choisis de cultiver la joie aujourd'hui. »
- **Sois sincère :** une intention fonctionne mieux quand elle vient du cœur. Ressens ce que tu dis.
- **Associe ton intention à un geste :** allumer une bougie, boire un thé ou tenir une pierre. Cela ancre ton intention dans le monde physique.

ASTUCE

Si tu débutes, commence par des intentions simples comme « Je me connecte à la sérénité » ou « Je libère les pensées qui me pèsent. » Ces petites phrases ont un grand impact.

La visualisation : donner vie à son intention

La visualisation, c'est un peu comme ajouter des couleurs à une esquisse. Elle te permet de voir, ressentir et presque toucher l'énergie que tu veux manifester. Et rassure-toi, pas besoin d'avoir des images nettes dans ta tête. La magie de la visualisation réside dans le ressenti, pas dans la perfection.

Qu'est-ce que visualiser?

C'est imaginer. Simplement. Que ce soit sous forme d'images, de sensations ou même de mots, la visualisation donne une « forme » à ton intention.

EXEMPLE

Tu poses une intention pour attirer plus de calme.

Ferme les yeux et imagine une lumière douce et apaisante.

Ressens cette lumière comme une couverture qui t'enveloppe.

Laisse cette énergie se répandre autour de toi, remplissant ton espace de tranquillité.

Quelques idées de visualisations

- **La lumière** : imagine une lumière dorée qui émane de toi ou de ton objet magique, se répandant pour purifier ton espace.
- **Un arbre** : visualise-toi comme un arbre, avec des racines profondes qui te relient à la terre et des branches qui s'élèvent vers le ciel.
- **Un ruisseau** : imagine un ruisseau limpide emportant tes soucis ou pensées négatives.

Un soir, j'ai voulu visualiser de l'énergie apaisante en tenant une pierre. Tout allait bien jusqu'à ce que Kawa saute sur mes genoux, me faisant sursauter et lâcher la pierre. Résultat : une pierre sous le canapé et un fou rire, mais l'intention était là, et je me suis sentie calme malgré tout.

EXERCICE PRATIQUE

Prends une bougie ou un objet spécial.

Ferme les yeux et imagine qu'il rayonne de l'énergie que tu veux attirer (paix, clarté, confiance).

Ressens cette énergie comme si elle était déjà là. Félicitations, tu viens de renforcer ton intention avec une visualisation.

Les cycles naturels : travailler en harmonie avec l'Univers

La nature a ses propres rythmes. La Lune change de phase, les saisons défilent, et même ton énergie personnelle connaît des hauts et des bas. En t'alignant avec ces cycles, tu rends ta magie plus fluide, comme si tu surfais sur une vague au lieu de nager à contre-courant.

Les phases de la Lune : ta boussole céleste

La Lune est l'un des outils les plus simples et les plus puissants pour structurer ta pratique.

- **Nouvelle lune** : le moment idéal pour poser des intentions et planter de nouvelles graines.
- **Lune croissante** : l'énergie monte. Nourris tes projets et avance vers tes objectifs.
- **Pleine lune** : l'apogée. Célèbre tes réussites et ressens ta puissance.
- **Lune décroissante** : lâche prise, fais le tri, repose-toi, et prépare-toi pour un nouveau cycle.

ASTUCE

Si tu observes la Lune chaque soir, tu commences à sentir son énergie de manière intuitive. Essaie de noter tes impressions dans un carnet pour suivre ton ressenti au fil des cycles.

Les saisons : une énergie qui se transforme

Les saisons influencent aussi notre énergie et nos intentions. Travailler avec elles, c'est intégrer la magie dans le rythme naturel de la vie.

- **Printemps** : renouveau, nouvelles idées, croissance.
- **Été** : vitalité, expansion, célébration de l'abondance.
- **Automne** : récolte, réflexion, lâcher-prise.
- **Hiver** : introspection, repos, préparation pour un nouveau départ.

EXEMPLE PERSONNEL

Un automne, j'ai ramassé des feuilles mortes en posant l'intention de lâcher une vieille habitude. J'ai soufflé sur une feuille avec mes mots, puis l'ai laissée partir avec le vent. Symbolique, simple, et profondément libérateur (jusqu'à ce que Kawa décide de la poursuivre avec passion).

Faire un avec les énergies

Travailler avec les énergies, c'est un processus organique. Chaque petit geste compte, chaque intention posée est une brique dans la construction de ton chemin magique. Ce n'est pas une science exacte, mais un dialogue constant entre toi, ton énergie et l'Univers.

Astuce : commence petit

Pas besoin de tout maîtriser d'un coup. Choisis un élément pour débuter : poser une intention chaque matin, observer la Lune chaque soir, ou simplement visualiser une lumière apaisante pendant cinq minutes. Avec le temps, ces pratiques deviendront aussi naturelles que respirer.

EN RÉSUMÉ

Deviens l'architecte de ton énergie

L'intention donne un sens à ton énergie, la visualisation l'amplifie et les cycles naturels t'aident à avancer avec fluidité. Ensemble, ces trois outils sont la base de ta Mundane Magick. Ils transforment ton quotidien en un espace sacré où chaque geste, aussi simple soit-il, peut devenir magique.

Alors allume une bougie, regarde la Lune ou prends une pause avec ton thé. La magie est déjà là, prête à être activée – une pensée, une image, un souffle à la fois.

Créer un espace sacré pour sa pratique

Créer un espace sacré, c'est un peu comme t'offrir un cocon. Un lieu où tu peux respirer, réfléchir et laisser la magie s'épanouir. Mais attention, un espace sacré n'a pas besoin d'être grandiose ou digne des couvertures d'un magazine ésotérique. Il n'a pas besoin non plus de ressembler à un temple antique ou à un lieu de pèlerinage. Ton espace sacré peut être aussi simple qu'un coin de table, un rebord de fenêtre, ou même une boîte à chaussures (oui, même ça).

Cet espace n'est pas seulement un endroit physique ; c'est aussi un état d'esprit. Il devient sacré parce que tu décides qu'il l'est, parce que tu lui attribues une intention, une énergie et un rôle unique dans ta pratique.

Pourquoi un espace sacré ?

L'idée d'avoir un espace dédié à ta pratique n'est pas de te compliquer la vie, mais de te simplifier les choses. C'est un endroit où :

- **tu te connectes à toi-même :** il devient un refuge où tu peux respirer, réfléchir et te recentrer ;
- **tu clarifies ton énergie :** avoir un lieu fixe aide ton esprit à faire le lien : ici, je pratique la magie, je pose mes intentions et je me reconnecte ;
- **tu invites la magie :** l'énergie que tu places dans cet espace s'accumule avec le temps, rendant chaque pratique plus puissante et intuitive.

Pense ton espace sacré comme une « zone magique ». Un endroit où la vie quotidienne – les factures, le ménage ou les intrusions félines – laisse place à quelque chose de plus profond et de plus intentionnel.

Les bases d'un espace sacré

Tu n'as pas besoin de beaucoup pour créer ton espace sacré. Quelques éléments simples suffisent à poser une fondation solide. Voici comment commencer :

Trouver le bon endroit

Ton espace sacré peut être petit ou grand, fixe ou mobile. L'important, c'est qu'il soit un endroit où tu te sens bien.

- **Un coin de pièce :** une étagère, une table basse, ou même une petite nappe posée sur le sol peuvent faire l'affaire.
- **Un autel mobile :** si tu manques de place ou si tu partages ton espace avec d'autres, une boîte magique est idéale. Tu y places tes outils essentiels et tu la sors quand tu pratiques.
- **Un endroit proche de la nature :** si possible, choisis un lieu près d'une fenêtre ou d'un endroit où la lumière naturelle entre.

ASTUCE

Ton espace sacré n'a pas besoin d'être permanent. Il peut être monté et démonté en quelques minutes si tu es nomade dans ta pratique.

Ajouter des objets significatifs

Ton espace sacré doit te ressembler. Remplis-le d'objets qui t'inspirent et te connectent à ta magie. Voici quelques idées :

- **une bougie :** la flamme symbolise la lumière, la transformation et l'intention ;
- **des pierres ou cristaux :** qu'ils soient ramassés dans la nature ou achetés, ils ajoutent une énergie naturelle à ton espace ;
- **un carnet :** pour noter tes pensées, tes intentions et tes rituels ;
- **un élément naturel :** une fleur séchée, une plume ou un petit morceau de bois ;
- **des objets symboliques :** une statue, un bijou, ou même une photo qui te touche.

Personnaliser avec intention

Ajoute des éléments qui te parlent : une guirlande lumineuse, un tissu spécial ou une carte postale qui t'inspire.

Change ton espace au fil des saisons ou des cycles lunaires pour refléter tes intentions du moment.

Mon premier espace sacré était une petite table dans le coin de ma chambre. J'y avais mis une bougie, une pierre ramassée en forêt et une tasse de thé (parce que tout est mieux avec du thé). Kawa, bien sûr, a immédiatement décidé que cet espace était son nouveau trône. Après quelques ajustements, nous avons trouvé un compromis : un coin pour moi, un coin pour lui.

L'ambiance : l'âme de cet espace

Un espace sacré ne se résume pas à des objets. L'ambiance que tu crées est tout aussi importante. Voici quelques éléments à considérer :

La lumière

- **Naturelle :** rien ne vaut la lumière du jour pour infuser ton espace d'une énergie apaisante.
- **Bougies :** une ou plusieurs bougies créent une atmosphère intime et magique.
- **Guirlandes lumineuses :** pour une touche féerique.

Les parfums

L'odorat est un sens puissant pour créer une ambiance magique. Utilise :

- des bâtons d'encens ;
- des huiles essentielles (lavande pour la sérénité, citron pour la clarté, etc.) ;
- des herbes séchées comme le romarin ou la sauge.

ASTUCE

Si tu es sensible aux odeurs, une simple bougie non parfumée ou une fleur séchée suffisent.

Les sons

Le son peut transformer ton espace en un instant :

- une petite cloche pour purifier l'énergie ;
- une playlist apaisante ou inspirante ;
- le silence, si c'est ce qui te connecte le mieux.

L'entretien de l'espace sacré

Un espace sacré demande un peu de soin pour rester clair et accueillant. Voici quelques habitudes simples :

- **nettoyage régulier :** dépoussière, range et enlève tout ce qui ne te sert plus ;
- **purification énergétique :** utilise de la fumée d'herbes, une cloche, ou même une simple intention pour libérer les énergies stagnantes ;
- **réorganisation :** change l'agencement de temps en temps pour refléter tes besoins ou tes intentions actuels.

Quand l'espace sacré n'est pas fixe

Si tu es souvent en déplacement ou si tu manques de place, ta pratique peut être tout aussi puissante.

Autel mobile

Une boîte ou un sac contenant l'essentiel (bougie, pierre, carnet) te permettant de recréer ton espace sacré où que tu sois.

L'espace intérieur

Ton espace sacré peut aussi être purement mental. Prends un moment pour te centrer, ferme les yeux et visualise un lieu qui te calme et t'inspire. Cet espace intérieur peut devenir ton refuge, où que tu sois.

Un jour, j'ai voulu intégrer un bouquet de fleurs fraîches à mon autel. C'était magnifique... jusqu'à ce que Kawa décide que les fleurs étaient une collation. Après une bataille épique pour récupérer mon bouquet, j'ai adopté les fleurs séchées.

Une autre fois, j'ai allumé un bâton d'encens pour purifier mon espace. Kawa, fasciné par la fumée, s'est mis à la suivre partout, transformant mon rituel en une sorte de danse comique. Depuis, je garde l'encens à bonne distance.

EN RÉSUMÉ

Ton espace, ton sanctuaire

Créer un espace sacré, c'est créer un endroit où tu peux te connecter à toi-même et à ta magie. Il n'a pas besoin d'être parfait ni grandiose. Ce qui compte, c'est qu'il te ressemble et qu'il te donne envie d'y revenir.

Que ce soit un coin de table, une étagère ou une boîte magique, ton espace sacré est là pour t'accueillir. Et si Kawa insiste pour y participer, dis-toi que chaque autel gagne en puissance avec un familier, même (surtout?) s'il est capricieux.

Simplicité et régularité : une pratique sans chichis

Si la Mundane Magick avait une devise, ce serait sûrement : « Pas de stress, pas de chichis. » Ici, pas besoin de rites élaborés qui durent des heures ou de matériel ésotérique digne d'un musée. Ce qui compte, c'est que ta pratique soit simple, régulière et, surtout, qu'elle te corresponde.

La magie, c'est comme le yoga ou le café du matin : ce qui fonctionne, c'est la constance. Pas besoin d'être parfait·e tous les jours. Même cinq minutes de pratique sincère valent mieux que des heures de rituels compliqués que tu n'as pas envie de refaire. Alors inspire, expire, et découvre comment intégrer une magie décomplexée dans ton quotidien.

Pourquoi la simplicité, c'est magique ?

Quand on commence à pratiquer, on peut avoir envie de tout faire : des autels chargés de cristaux, des rituels avec quinze étapes et des incantations longues comme une liste de courses. Mais très vite, ça peut devenir décourageant. Et c'est là que la simplicité entre en jeu.

La magie dans l'essentiel

La Mundane Magick repose sur une vérité fondamentale : ce sont l'intention et l'énergie que tu mets dans tes gestes qui comptent, pas leur complexité. Allumer une bougie avec sincérité, c'est aussi puissant qu'un rituel élaboré, tant que tu es aligné·e avec ton intention.

Par exemple ?

- ✦ **Avec chichis :** préparer un rituel avec cinq bougies, trois cristaux, de l'encens rare et une chorégraphie lunaire.
- ✦ **Sans chichis :** allumer une seule bougie et murmurer : « Que cette lumière m'apporte clarté et sérénité. »
- ✦ **Résultat :** dans les deux cas, la magie opère, mais dans le second, tu gagnes du temps (et tu évites de renverser une bougie si Kawa décide de participer).

Quand j'ai commencé, j'essayais de suivre des rituels compliqués que je trouvais dans des livres. Un jour, j'ai compris que passer une demi-heure à préparer un rituel me stressait plus qu'autre chose. Alors j'ai simplifié : une bougie, une intention, et c'était tout. C'était comme une révélation et, depuis, ma magie est beaucoup plus fluide (et moins sujette aux pitreries de Kawa).

Pourquoi la régularité, c'est puissant?

La régularité, c'est le secret pour ancrer ta pratique dans ton quotidien. Pas besoin d'en faire trop. Ce qui compte, c'est la constance, même dans les petites choses.

La magie de l'habitude

Quand tu pratiques régulièrement, même un petit geste devient un rituel puissant. Cela crée une connexion continue avec ton énergie et tes intentions. C'est comme arroser une plante : un peu chaque jour suffit pour qu'elle prospère.

Voici quelques gestes magiques simples :

- poser une intention en buvant ton café ou ton thé ;
- allumer une bougie chaque soir en rentrant chez toi ;
- noter une pensée ou une gratitude dans ton carnet avant de te coucher.

ASTUCE

Associe ta pratique magique à une routine déjà existante. Par exemple, pose une intention pendant que tu laves la vaisselle ou que tu promènes Kawa.

Les bienfaits d'une pratique sans chichis

Moins de pression

Quand tu simplifies, tu enlèves la pression de « bien faire ». Pas besoin que ton rituel ressemble à un spectacle digne de Broadway. L'essentiel, c'est qu'il te parle à toi.

Plus de plaisir

Quand ta pratique est simple, elle devient un moment que tu attends avec impatience, pas une corvée que tu redoutes.

Une vraie connexion

Les pratiques simples te ramènent à l'essentiel : toi, ton intention et le moment présent. Sans distractions, la magie devient un espace de pure présence.

Un jour, j'ai décidé de consacrer 10 minutes à ma pratique magique chaque matin. Rien de compliqué : je buvais mon thé en posant une intention pour ma journée. Ce petit geste a transformé ma façon de commencer la journée, et Kawa a même commencé à s'installer sur mes genoux, comme pour superviser ma pratique.

Comment intégrer la régularité dans son quotidien?

Si la régularité te semble intimidante, commence petit. Pas besoin de tout chambouler. Voici quelques idées :

Choisir un moment fixe

Associe ta pratique à un moment précis de ta journée :

- **le matin :** pose une intention pour ta journée ;
- **le soir :** allume une bougie et remercie pour les moments magiques de ta journée ;
- **à tout moment :** respire profondément et reconnecte-toi à ton énergie.

Faire simple

Même une minute peut suffire. Par exemple :

- ✦ prends une pierre dans ta main et murmure une intention ;
- ✦ ferme les yeux et visualise une lumière protectrice autour de toi ;
- ✦ note trois choses pour lesquelles tu es reconnaissant·e.

Créer une « routine magique »

Transforme une routine quotidienne en rituel magique.

En faisant ton lit, dis : « Que cet espace reste un sanctuaire de repos et de paix. »

Pendant que tu ranges, visualise l'énergie stagnante qui quitte la pièce.

Un matin, j'ai allumé une bougie pour poser une intention de calme. Kawa, intrigué par la flamme, a décidé de l'observer de très près. Résultat : une bougie renversée, un tapis sauvé de justesse, et moi qui ai appris à simplifier encore plus mes rituels (et à éloigner les bougies des familiers curieux).

Une autre fois, j'ai oublié de faire mon rituel du soir. Au lieu de me sentir coupable, j'ai simplement pris une grande respiration dans mon lit, murmuré une intention de gratitude et je me suis endormie avec le sourire. La magie est toujours là, même dans les petits moments.

Exemple d'une pratique magique simple et régulière

- **Le matin :** allume une bougie et dis : « Que cette lumière guide ma journée. »
- **Pendant la journée :** tiens une pierre dans ta poche et touche-la pour te recentrer.
- **Le soir :** note une pensée ou une gratitude dans ton carnet.

Et voilà, tu viens de transformer une journée ordinaire en un terrain fertile pour la magie, sans stress ni chichis.

EN RÉSUMÉ

La magie est dans la constance

La Mundane Magick ne demande ni perfection ni cérémonial excessif. Elle aime la simplicité et la régularité. Chaque petit geste compte, chaque intention posée est une graine plantée et chaque minute passée dans ta pratique est une preuve d'amour pour toi-même.

Alors fais simple, fais à ton rythme et, surtout, amuse-toi. Même si Kawa s'invite à chaque rituel, rappelle-toi : la magie est là, dans les moments imparfaits, légers et authentiques.

PARTIE II

Transformer les routines en rituels magiques

Le matin : cultiver l'énergie

Rituels simples pour bien commencer sa journée

Le matin est un moment magique. Bon, peut-être pas immédiatement – surtout si tu n'es pas du genre à sauter du lit en chantant. Mais peu importe que tu sois une personne du matin ou un·e adepte de la touche « snooze », les premières minutes de ta journée sont pleines de potentiel. Avec quelques rituels simples, tu peux transformer ton réveil en un moment d'intention, de clarté et, qui sait, de bonne humeur (même avant le café).

La magie du premier geste

Le premier geste que tu fais en te réveillant peut donner le ton pour toute ta journée. Alors pourquoi ne pas le rendre un peu magique ?

- **Le réveil conscient** : avant même de poser un pied par terre, prends une grande respiration et dis : « Je choisis de commencer cette journée avec calme et énergie. »
- **L'étirement magique** : pendant que tu t'étires, imagine que chaque mouvement réveille une lumière dorée dans ton corps. Bonus : ça détend aussi les muscles encore endormis.

✦ **Le sourire :** oui, même si tu grognes intérieurement. Souris en disant : « Aujourd'hui, je choisis la joie. » Ton cerveau pourrait bien te croire et suivre le mouvement.

Un matin, j'ai décidé de sourire en me réveillant, juste pour tester. Résultat : Kawa m'a regardée comme si j'avais perdu la tête, mais étrangement, ma journée a été plus légère. Coïncidence ? Peut-être. Mais ça vaut le coup d'essayer.

La bougie du matin : illuminer sa journée

Une bougie allumée le matin, c'est un petit geste puissant. La flamme symbolise la lumière, l'espoir et l'énergie.

✦ Allume une bougie en murmurant : « Que cette lumière éclaire ma journée et guide mes pas. »

✦ Pendant quelques secondes, regarde la flamme et laisse son énergie remplir ton esprit.

✦ Éteins la bougie avec gratitude, prêt·e à commencer ta journée.

ASTUCE

Si tu n'as pas le temps ou si tu es en retard, même allumer une bougie pendant que tu te prépares peut suffire à infuser ta matinée d'un peu de magie.

L'eau magique : une recharge énergétique

Boire un verre d'eau le matin, c'est bien. Le transformer en un rituel magique, c'est encore mieux.

- Remplis ton verre et tiens-le dans tes mains. Visualise une lumière pure qui infuse l'eau.
- Murmure : « Que cette eau purifie mon esprit et réveille mon corps. »
- Bois lentement, en savourant chaque gorgée comme une potion magique pour commencer la journée.

Un matin, j'ai oublié de murmurer mon intention en buvant mon verre d'eau. Kawa, quant à lui, s'est jeté sur son bol avec une telle ferveur qu'il m'a inspirée. Depuis, je m'assure que mon propre « bol magique » reçoit toute mon attention.

La douche énergétique : un boost magique

Si tu prends une douche le matin, transforme-la en un rituel de purification et de recharge.

- En entrant sous l'eau, imagine que chaque goutte emporte les énergies stagnantes ou négatives.
- Visualise une lumière dorée qui descend avec l'eau et recharge ton corps d'énergie positive.
- Murmure : « Je me libère de ce qui ne me sert plus et je m'ouvre à cette nouvelle journée. »

ASTUCE

Si tu es du genre à chanter sous la douche, choisis une chanson qui te motive et transforme-la en ton hymne du matin.

L'autel express : connecter son intention

Si tu as un espace sacré ou même juste une bougie ou un cristal, prends une minute pour te connecter à ton intention de la journée.

- ✦ Pose une intention claire, comme : « Aujourd'hui, je choisis la sérénité » ou « Je me concentre sur mes objectifs. »
- ✦ Tiens un objet magique (une pierre, une tasse, ou même ta brosse à dents !) et répète ton intention en silence ou à voix haute.

Un jour, j'ai posé une intention de concentration avec une tasse de café à la main. Kawa, toujours curieux, a décidé que ma tasse était plus intéressante que son bol. Résultat : une méditation partagée et une tasse de café tiède, mais une intention bien posée.

Le carnet du matin : clarifier son esprit

Tenir un carnet ou un journal le matin peut être un excellent moyen de poser tes pensées et tes intentions.

- ✦ Note trois choses que tu veux accomplir ou ressentir dans la journée.
- ✦ Écris une phrase d'encouragement pour toi-même, comme : « Je suis capable de créer une belle journée. »
- ✦ Si tu as du temps, ajoute une gratitude ou un rêve que tu souhaites réaliser.

ASTUCE

Si écrire le matin te semble trop ambitieux, prends simplement 30 secondes pour réfléchir à tes intentions dans ta tête.

Infuser son café ou son thé de magie

Si tu es adepte du café ou du thé, c'est une excellente opportunité pour un rituel simple et puissant.

- ✦ Pendant que tu prépares ta boisson, tourne doucement ta cuillère en visualisant une lumière dorée qui s'infuse dans le liquide.
- ✦ Murmure : « Que cette boisson m'apporte l'énergie et la clarté dont j'ai besoin. »
- ✦ Bois lentement, en savourant chaque gorgée comme un acte sacré.

Un matin, j'ai infusé mon thé avec une intention de calme… jusqu'à ce que Kawa renverse la boîte de thé par terre. Finalement, j'ai choisi d'infuser l'intention de lâcher prise. Et tu sais quoi ? Ça a marché.

Créer une routine magique

Pour que ces rituels deviennent naturels, intègre-les dans ta routine habituelle. Pas besoin de tout faire d'un coup. Choisis un ou deux gestes simples et pratiques, et adapte-les à ton emploi du temps.

Exemple de routine magique du matin

- Allume une bougie ou bois un verre d'eau avec une intention.
- Prends une douche en visualisant une lumière dorée.
- Pose une intention pour la journée en buvant ton café ou ton thé.

EN RÉSUMÉ

Le matin magique

Le matin, c'est ton moment pour poser les bases d'une journée alignée avec tes intentions. Que tu prennes 30 secondes ou 30 minutes, chaque petit geste compte. Avec un peu de magie, même les matins grognons peuvent devenir des opportunités de transformation. Et si Kawa s'invite, considère que tu as déjà une bénédiction féline pour ta journée.

Alors, prêt·e à rendre tes réveils magiques ?

Infuser ses gestes matinaux d'intentions positives

Le matin, c'est souvent la course : réveil, café, habillage, peut-être une bataille avec Kawa qui a décidé que ton pull préféré est son nouveau lit. Mais que tu sois du genre à prendre ton temps ou à bondir dans tes vêtements en trois secondes chrono, sache que chaque geste matinal peut devenir un rituel magique si tu y ajoutes une intention.

Pas besoin de bouleverser ta routine ou de te lever à 5 heures du matin pour méditer sous la rosée. Il s'agit juste d'ajouter un peu de conscience et beaucoup de magie à ce que tu fais déjà.

L'art de l'intention positive

Infuser tes gestes matinaux d'intentions, c'est comme transformer une tartine beurrée en repas royal. Tout est dans l'énergie que tu y mets.

Qu'est-ce qu'une intention positive ?

C'est une pensée claire et bienveillante que tu associes à une action. Plutôt que de te brosser les dents en mode automatique, tu peux dire : « Je nettoie aussi mes pensées négatives. » Et voilà, tu viens de rendre un geste banal profondément significatif.

Un matin, j'ai décidé de poser une intention en me brossant les cheveux. J'ai murmuré : « Que chaque coup de brosse me libère des tensions. » Non seulement mes cheveux étaient impeccables, mais je me suis sentie étrangement légère toute la matinée... jusqu'à ce que Kawa décide de jouer avec ma brosse.

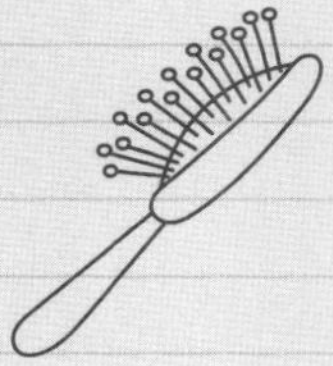

Des gestes magiques à intégrer dans sa routine

Le réveil avec intention

Avant de sortir du lit (ou de te jeter sur ton réveil pour l'éteindre), prends une seconde pour poser une intention.

Par exemple : « Je choisis de vivre cette journée avec sérénité et énergie. »

ASTUCE

Si tu es trop groggy, même un murmure mental suffit.

Le verre d'eau sacré

Boire un verre d'eau le matin, c'est un geste simple mais essentiel. Pourquoi ne pas en faire un rituel magique ?

- Tiens ton verre dans tes mains et dis : « Que cette eau me purifie et me revitalise. »
- Bois lentement, en sentant l'énergie se diffuser dans ton corps.

Un jour, j'ai tellement infusé mon verre d'eau d'intentions que Kawa, intrigué par mon air concentré, a renversé le verre. Depuis, je garde mon rituel à l'écart de ses pattes curieuses.

La magie de la douche

Ta douche matinale peut être bien plus qu'un simple lavage. Elle peut devenir un moment de purification énergétique.

- Pendant que l'eau coule, imagine qu'elle emporte toutes les tensions ou pensées négatives.
- Visualise une lumière dorée qui te recharge et te prépare à affronter ta journée.
- Murmure : « Je me libère de ce qui ne me sert plus et j'accueille la nouveauté. »

ASTUCE

Si tu es pressé·e, même une pensée rapide sous l'eau peut suffire pour poser ton intention.

Les vêtements magiques

En choisissant tes vêtements, transforme ce geste en rituel.

- Pendant que tu t'habilles, dis : « Que ces vêtements m'aident à me sentir confiant·e et protégé·e. »
- Si tu portes un bijou ou une écharpe, attribue-leur une intention spécifique : « Cette bague est mon talisman de concentration. »

Un matin, j'ai décidé que mon pull préféré serait mon « armure de confiance » pour une réunion stressante. Kawa, évidemment, a voulu le marquer de ses poils, mais j'ai gardé mon calme (et ma confiance).

Le café ou le thé enchanté

Ton café ou ton thé du matin peut devenir une véritable potion magique.

- ✦ En remuant ta boisson, visualise une énergie lumineuse qui s'infuse dans chaque goutte.
- ✦ Murmure : « Que cette boisson m'apporte énergie et clarté pour la journée. »
- ✦ Bois lentement, en savourant chaque gorgée comme un acte sacré.

ASTUCE

Même si tu es en retard, une simple pensée en prenant ta première gorgée peut faire toute la différence.

Le miroir magique

Pendant que tu te regardes dans le miroir (oui, même si tu fais encore la tête), utilise ce moment pour te donner un coup de boost.

- ✦ Regarde-toi et dis une affirmation positive, comme : « Je suis capable de tout accomplir aujourd'hui. »
- ✦ Souris, même si ça te semble forcé – ton cerveau suivra l'idée et te mettra de bonne humeur.

Un jour, j'ai murmuré à mon reflet : « Tu es une badass magique. » Kawa, qui passait par là, m'a regardée avec un mélange de jugement et d'admiration. Depuis, je répète cette affirmation rien que pour voir sa réaction.

Un exemple de routine matinale magique

- **Réveil :** pose une intention simple comme : « Aujourd'hui, je choisis la paix. »
- **Verre d'eau :** infuse-le d'énergie purifiante.
- **Douche :** visualise la lumière qui te recharge.
- **Habillage :** attribue une intention à tes vêtements ou accessoires.
- **Café ou thé :** savoure ta boisson comme une potion magique.
- **Miroir :** regarde-toi et répète une affirmation positive.

Pourquoi ces gestes comptent-ils?

Ces petites intentions ne semblent pas grand-chose, mais cumulées, elles changent ta façon d'aborder la journée. Elles te permettent de commencer avec clarté, énergie et alignement.

EN RÉSUMÉ

Un matin magique en douceur

Chaque geste matinal peut devenir un rituel magique si tu y ajoutes une intention positive. Que ce soit en buvant ton café, en prenant ta douche ou même en souriant à ton reflet, rappelle-toi que la magie se cache dans les petites choses.

La cuisine magique

Un soupçon de magie dans ses préparations

La cuisine est un espace magique par nature. Chaque fois que tu épluches, mélanges ou assaisonnes, tu manipules des éléments pour les transformer en quelque chose de nouveau. C'est de l'alchimie pure, mais avec moins de formules compliquées et plus d'ustensiles pratiques. Alors pourquoi ne pas y ajouter une pincée de magie ?

Pas besoin de faire des incantations compliquées en agitant une cuillère en bois comme une baguette magique (bien que ça puisse être tentant). Il suffit d'un soupçon d'intention et d'un zeste de conscience pour transformer tes plats en véritables potions pour l'âme et le corps.

La magie des aliments

Avant de devenir des ingrédients, les aliments sont des trésors offerts par la nature, chacun porteur d'une énergie unique. En connaissant leurs propriétés, tu peux les utiliser pour soutenir tes intentions.

Quelques exemples d'aliments magiques

- **Le citron :** purification et clarté. Idéal pour un thé ou une vinaigrette qui « nettoie » ton esprit.

- **Le romarin :** protection et mémoire. Une branche dans une soupe ou un plat mijoté peut devenir ton garde du corps énergétique.
- **Le miel :** douceur et abondance. Parfait pour attirer l'amour ou l'harmonie dans un dessert ou une boisson chaude.
- **L'ail :** protection et force. Que ce soit pour éloigner les vampires ou renforcer ton énergie, il est indispensable.

ASTUCE

Pas besoin d'avoir une encyclopédie des aliments magiques. Fais confiance à ton intuition et choisis des ingrédients qui te « parlent ».

Les ustensiles enchantés

Dans la cuisine magique, même les ustensiles ont un rôle à jouer. Pas besoin d'un chaudron en cuivre ou de couteaux cérémoniels (quoique, si tu en as, fais-toi plaisir). Les outils que tu utilises chaque jour peuvent devenir des alliés magiques.

Quelques exemples d'ustensiles magiques

- **La cuillère en bois :** symbole de connexion à la Terre, elle est parfaite pour mélanger tes intentions avec tes ingrédients.
- **Le couteau :** en plus de couper les légumes, il peut symboliquement trancher les énergies négatives.
- **Le mortier et le pilon :** broie tes herbes et épices tout en y infusant une intention de transformation.
- **Les casseroles :** visualise-les comme des chaudrons modernes où tu combines des éléments pour créer quelque chose de magique.

EXEMPLE DE PRATIQUE

En mélangeant une pâte à gâteau ou une soupe, murmure : « Que chaque tour de cuillère ajoute harmonie et énergie positive à ce plat. »

L'intention, l'ingrédient magique

Plus que les aliments ou les ustensiles, ce qui transforme une préparation en un acte magique, c'est l'intention que tu y mets. Avant de commencer, prends un instant pour réfléchir à ce que tu veux transmettre à travers ton plat : de la joie, du réconfort, de l'énergie ?

Comment poser une intention en cuisine ?

- Avant de commencer, prends une respiration profonde et dis : « Je prépare ce repas avec amour et intention. »
- À chaque étape, rappelle-toi l'énergie que tu veux transmettre. Par exemple, en ajoutant des herbes, pense : « Que cette pincée apporte équilibre et sérénité. »
- Une fois le plat terminé, prends un instant pour remercier les ingrédients et l'énergie que tu as mobilisée.

ASTUCE

Même si tu prépares un simple sandwich, ajoute une intention rapide comme : « Que ce repas me nourrisse corps et âme. »

Petits rituels en cuisine

Tu peux intégrer des gestes magiques simples dans tes préparations, sans avoir besoin d'un manuel complexe.

Le cercle magique

Quand tu mélanges une pâte ou une soupe, fais des cercles dans le sens des aiguilles d'une montre pour attirer une énergie positive (ou dans le sens inverse pour libérer une énergie négative).

La purification des ustensiles

Avant de cuisiner, prends un instant pour rincer tes ustensiles en imaginant que l'eau emporte toutes les énergies stagnantes.

Le sel protecteur

Le sel n'est pas seulement un assaisonnement, c'est aussi un puissant symbole de purification et de protection. Avant de l'ajouter à un plat, murmure une intention, comme : « Que cette pincée apporte harmonie et équilibre. »

Un exemple de rituel simple : une infusion magique

- Fais chauffer de l'eau et choisis une herbe ou un thé en fonction de ton intention (menthe pour la clarté, camomille pour la détente).
- Pendant que l'eau chauffe, tiens le sachet ou les feuilles dans tes mains et dis : « Que cette infusion m'apporte *[ton intention]*. »
- Verse l'eau, regarde les herbes infuser et visualise ton intention se diffuser dans la tasse.
- Bois lentement, en savourant chaque gorgée comme un acte sacré.

La cuisine comme acte de gratitude

Cuisiner, c'est aussi une manière de remercier la nature et les énergies qui t'entourent. Même si tu ne prépares qu'un plat simple, prends un instant pour apprécier les ingrédients devant toi : ils sont le fruit de la Terre, du Soleil et d'un long cycle de vie.

RITUEL DE GRATITUDE RAPIDE

Avant de commencer à cuisiner, place tes mains au-dessus des ingrédients et dis : « Merci pour l'abondance que je reçois aujourd'hui. »

EN RÉSUMÉ

Un soupçon de magie dans tes préparations

La magie en cuisine n'a rien de compliqué. Avec un peu d'intention, une pincée de conscience et une cuillerée d'amour, chaque repas peut devenir un rituel pour nourrir non seulement ton corps, mais aussi ton esprit. Alors attrape ta cuillère en bois, ton citron et ton romarin, et laisse la magie s'inviter à table.

Recettes et rituels pour nourrir le corps et l'esprit

Quand tu cuisines, tu ne fais pas que préparer un repas. Tu entres dans un dialogue avec les énergies qui t'entourent, tu combines des éléments pour créer quelque chose de nouveau et, surtout, tu as l'opportunité de transformer un acte quotidien en rituel puissant. Et la bonne nouvelle, c'est que tu n'as pas besoin de matériel coûteux ou de recettes compliquées. Avec un peu d'intention, une pincée d'imagination et une bonne dose d'amour, tout peut devenir magique.

L'art de cuisiner avec intention

La clé pour transformer une recette en rituel magique, c'est l'intention. Chaque étape – couper, mélanger, cuire – peut devenir une méditation en mouvement.

Pourquoi l'intention est-elle essentielle ?

Parce qu'elle donne une direction à ton énergie. Si tu veux que ton plat apporte de la sérénité, pense à la sérénité pendant que tu cuisines. Si tu souhaites qu'il booste ton énergie, visualise cette vitalité dans chaque geste.

Comment poser une intention avant de cuisiner ?

- Prends un moment avant de commencer pour te centrer. Respire profondément.
- Place tes mains au-dessus de tes ingrédients et murmure : « Je prépare ce repas avec amour et intention. Qu'il nourrisse le corps et l'esprit. »
- Garde cette intention en tête tout au long de la préparation.

Recettes magiques pour chaque moment

Une salade vibrante pour la clarté mentale

Idéal pour : se sentir léger·ère, clair·e et plein·e d'énergie.

Ingrédients

- Feuilles vertes (renouveau et croissance)
- Concombre (fraîcheur et clarté)
- Tomates cerise (joie et énergie solaire)
- Avocat (nourriture de l'âme)
- Graines de tournesol ou de courge (protection et vitalité)
- Huile d'olive (abondance) et vinaigre (purification)

Rituel

Pendant que tu laves les légumes, imagine que l'eau les purifie et amplifie leur énergie.

Coupe les ingrédients en pensant : « Que chaque coupe libère une énergie positive. »

Mélange la salade avec tes mains (propres !) en visualisant une lumière dorée enveloppant chaque feuille et graine.

Une infusion d'harmonie

Idéal pour : se recentrer, se détendre et se reconnecter à soi-même.

Ingrédients

- Fleurs de lavande (calme et protection)
- Camomille (apaisement et sérénité)
- Miel (douceur et abondance)
- 1 rondelle d'orange ou de citron (énergie solaire et purification)

Rituel

Pendant que l'eau chauffe, tiens les herbes dans tes mains et dis : « Que cette infusion m'apporte paix et harmonie. »

Regarde les herbes se déployer dans l'eau, comme si elles libéraient leur magie.

Bois lentement, en laissant chaque gorgée t'apaiser et te recentrer.

Un plat mijoté pour nourrir l'âme

Idéal pour : apporter réconfort, ancrage et chaleur à une journée froide ou stressante.

Ingrédients

- 1 oignon (protection et clarté)
- 2 carottes (ancrage et douceur)
- Pommes de terre (nourriture et solidité)
- Haricots rouges ou lentilles (force et endurance)
- Romarin ou thym (équilibre et mémoire)
- Bouillon (unification et chaleur)

Rituel

En coupant les légumes, dis : « Que ces ingrédients travaillent ensemble pour apporter force et réconfort. »

Pendant que le plat mijote, remue doucement avec une cuillère en bois et visualise une lumière dorée se diffusant dans la casserole.

Avant de servir, prends un instant pour humer les arômes et remercier la nature pour ces bienfaits.

Rituels simples à intégrer dans sa cuisine

Le cercle de bénédiction

Avant de cuisiner, trace un cercle autour de tes ingrédients avec ta main (ou ta cuillère). Imagine que ce cercle protège et amplifie l'énergie de tout ce que tu utilises.

La purification par le sel

Avant d'ajouter du sel à un plat, prends une pincée entre tes doigts et murmure : « Que cette pincée apporte harmonie et équilibre. » Saupoudre avec intention.

Les herbes magiques

En ajoutant des herbes ou des épices, associe-leur une intention :

- basilic : prospérité ;
- cannelle : chaleur et amour ;
- laurier : protection et succès.

Les repas comme un acte de gratitude

Cuisiner, c'est aussi une manière de dire merci – à la Terre, au Soleil et aux énergies qui rendent les aliments possibles. Même un plat simple peut devenir un acte de gratitude si tu y mets de l'intention.

EXEMPLE DE GRATITUDE

Avant de manger, prends un instant pour remercier les ingrédients et ceux qui ont contribué à les cultiver ou à les produire. Dis : « Merci pour cette abondance et pour l'énergie que ce repas m'apporte. »

Transformer les moments simples en magie

Tu n'as pas besoin de préparer des festins dignes d'un banquet pour nourrir ton corps et ton esprit. Même les plats les plus simples – un bol de riz, une tasse de thé ou une tartine – peuvent devenir magiques si tu les prépares avec conscience et amour. Par exemple :

- prépare un toast avec du beurre ou de l'avocat ;
- visualise que chaque ingrédient apporte ce dont tu as besoin (force, calme ou énergie) ;
- mange en pleine conscience, en savourant chaque bouchée comme un geste d'amour pour toi-même.

EN RÉSUMÉ

Cuisiner, c'est célébrer

Chaque fois que tu entres dans ta cuisine, rappelle-toi que tu as le pouvoir de transformer un geste banal en un rituel puissant. Avec un peu d'intention et une touche de gratitude, tes repas deviennent des moyens de te nourrir pleinement – corps, esprit et âme. Alors mets ton tablier magique et laisse la cuisine devenir ton terrain de jeu enchanté.

Les cycles saisonniers en cuisine

La cuisine saisonnière, c'est bien plus qu'une tendance ou un acte écolo. C'est une manière de se reconnecter aux rythmes de la nature, de s'aligner avec les énergies du moment et d'apporter dans son assiette tout ce que chaque saison a de meilleur à offrir. Et, soyons honnêtes : cuisiner avec des tomates en hiver ou des potirons en plein été, ça n'a pas le même charme ni la même magie.

Les aliments de saison ne sont pas seulement plus frais et plus savoureux, ils portent aussi une énergie adaptée à cette période précise. En les intégrant dans tes plats, tu donnes à ton corps exactement ce dont il a besoin pour s'harmoniser avec l'Univers. Et si, en chemin, tu trouves une patte féline prête à t'aider (ou à faire tomber une courgette), considère que c'est un petit bonus de magie supplémentaire.

Pourquoi cuisiner avec les saisons?

Travailler avec les cycles naturels en cuisine, c'est comme avoir une conversation avec la Terre. Chaque fruit, chaque légume, chaque épice arrive à maturité au bon moment, comme une réponse à ce dont nos corps et nos esprits ont besoin.

- **En été :** hydrate-toi avec des fruits juteux et des légumes légers.
- **En hiver :** réchauffe-toi avec des ragoûts et des plats épicés.
- **Au printemps** : purifie-toi avec des légumes verts et des saveurs légères.
- **En automne** : prépare-toi à l'introspection avec des plats réconfortants.

Cuisiner avec les saisons, c'est aussi ralentir, observer et savourer ce que la nature nous offre dans l'instant présent. C'est une façon de vivre plus consciemment, un plat à la fois.

Rituels de cuisine pour chaque saison

Le printemps : renouveau et croissance

Le printemps, c'est le moment de faire peau neuve, de laisser derrière toi l'énergie stagnante de l'hiver et d'accueillir le renouveau. La cuisine printanière est légère, verte et pleine de vie.

Ingrédients magiques

- **Légumes verts :** épinards, asperges, petits pois – pour la purification et la croissance.
- **Herbes fraîches :** persil, menthe, coriandre – pour l'énergie et la clarté.
- **Fleurs comestibles :** pâquerettes, capucines – pour la beauté et la délicatesse.

Rituel : salade de printemps enchantée

Lave soigneusement tes légumes en visualisant l'eau comme un flux de lumière qui les purifie.

Coupe chaque ingrédient en murmurant : « Que cette salade m'apporte fraîcheur et renouveau. »

Ajoute une vinaigrette au citron pour la vitalité, mélange avec les mains (si possible) pour infuser ton énergie et savoure en pleine conscience.

L'été : vitalité et abondance

L'été, c'est la fête. Les fruits et légumes explosent de couleurs et de saveurs, comme un feu d'artifice de vitalité. C'est le moment de profiter de l'énergie solaire et de célébrer l'abondance.

Ingrédients magiques

- **Tomates et poivrons :** énergie solaire et joie.

- **Fruits juteux :** melons, fraises, pêches – pour l'amour et la douceur.
- **Basilic et thym :** prospérité et protection.

Rituel : gaspacho de l'abondance

Mixe des tomates, des poivrons rouges, un concombre et un peu d'ail avec de l'huile d'olive.

Pendant que tu mixes, visualise une lumière dorée se diffusant dans le mélange, symbole d'énergie solaire et de joie.

Sers frais avec un brin de basilic et savoure ce moment de célébration estivale.

L'automne : introspection et réconfort

L'automne est une invitation à ralentir, à réfléchir et à se préparer pour les mois plus froids. La cuisine automnale est riche, épicée et réconfortante, parfaite pour créer un cocon de chaleur et d'introspection.

Ingrédients magiques

- **Courges et potirons :** abondance et ancrage.
- **Pommes et poires :** récolte et gratitude.
- **Épices chaudes :** cannelle, muscade, gingembre – pour la chaleur et la protection.

Rituel : velouté automnal

Épluche une courge ou un potiron et coupe-le en morceaux. Pendant que tu le fais, dis : « Que cette courge apporte abondance et réconfort à mon âme. »

Fais mijoter avec un oignon, une pomme et du bouillon. Ajoute une pincée de cannelle pour la chaleur.

Avant de servir, remercie la Terre pour ses bienfaits et profite de chaque cuillerée comme d'un câlin automnal.

L'hiver : introspection et chaleur

L'hiver, c'est le moment de se recentrer, de ralentir et de nourrir son corps avec des plats chauds et nourrissants. C'est une saison d'introspection et de réconfort.

Ingrédients magiques

- ✦ **Pommes de terre et carottes :** ancrage et solidité.
- ✦ **Légumineuses :** force et endurance.
- ✦ **Gingembre et curcuma :** chaleur et guérison.

Rituel : ragoût hivernal

Fais mijoter des pommes de terre, des carottes et des lentilles avec du bouillon et une touche de gingembre.

Pendant que le plat mijote, visualise une lumière chaleureuse enveloppant la casserole et toi-même.

Avant de manger, murmure : « Que ce repas me réchauffe et me fortifie pour les jours à venir. »

Petit rituel universel pour cuisiner avec les saisons

- ✦ **Observe la saison :** prends un moment pour ressentir l'énergie qui t'entoure (le vent du printemps, le soleil de l'été, les feuilles qui tombent ou le froid hivernal).
- ✦ **Choisis tes ingrédients en pleine conscience :** sélectionne des produits locaux et de saison. Laisse-toi guider par ce qui t'attire.
- ✦ **Infuse ton repas d'intention :** pendant que tu cuisines, visualise l'énergie de la saison se mêler aux ingrédients et renforcer ton lien avec la nature.

Et si Kawa s'invite...

Peut-être qu'en automne, Kawa voudra inspecter tes potirons. Ou qu'en hiver, il insistera pour dormir près de ta marmite mijotant doucement. Considère cela comme un signe que ta cuisine est bien un espace vivant et vibrant, connecté aux cycles naturels.

EN RÉSUMÉ

Cuisiner au rythme des saisons

Cuisiner avec les cycles saisonniers, c'est un retour aux sources, une façon de te reconnecter à la Terre et à toi-même. Chaque plat devient un moment d'harmonie avec la nature et d'amour pour ton corps et ton esprit. Alors laisse les saisons te guider et savoure la magie qu'elles apportent dans chaque bouchée.

Le soir : libération et gratitude

Rituels pour clore la journée

Le soir est un moment magique par excellence. C'est une transition, un passage entre l'énergie de la journée et la douceur de la nuit. C'est aussi l'occasion parfaite pour te débarrasser des tensions accumulées, te recentrer et, pourquoi pas, glisser un peu de magie dans tes derniers gestes avant d'aller te blottir sous la couette.

Et, non, pas besoin d'un long rituel compliqué pour ça. Une bougie, une respiration et une intention claire suffisent souvent à transformer ta soirée en un moment sacré.

Pourquoi un rituel du soir?

Clore ta journée avec intention, c'est comme écrire une belle conclusion à un chapitre de ton livre. Ça te permet de :

- **laisser partir les tensions :** libère ce qui ne te sert plus pour ne pas l'emmener au lit (parce que ton matelas n'a pas signé pour ça) ;
- **faire le tri énergétique :** garde les belles choses et laisse le reste derrière toi ;
- **préparer un sommeil réparateur :** rien de tel qu'un esprit apaisé pour bien dormir.

Quelques rituels simples pour finir ta journée

La bougie de libération

Allumer une bougie peut sembler anodin, mais avec une intention claire, c'est un outil puissant pour laisser partir les énergies de la journée.

- ✦ Allume une bougie en disant : « Que cette flamme emporte toutes les tensions et les pensées négatives de cette journée. »
- ✦ Observe la flamme quelques instants, en respirant profondément. Imagine qu'elle brûle tout ce qui t'alourdit.
- ✦ Éteins la bougie avec gratitude, en murmurant : « Je me libère et je me prépare à la sérénité de la nuit. »

ASTUCE

Si tu préfères éviter les bougies (surtout si un certain chat rôde dans les parages), une lampe douce ou même une visualisation peuvent faire l'affaire.

La douche de purification

Prendre une douche le soir, ce n'est pas seulement pour enlever la poussière de la journée. C'est aussi un rituel parfait pour te débarrasser des énergies stagnantes.

- ✦ Pendant que l'eau coule sur toi, imagine qu'elle emporte toutes les pensées et émotions négatives.
- ✦ Visualise une lumière blanche ou dorée qui descend avec l'eau, purifiant ton corps et ton esprit.
- ✦ Murmure : « Je me nettoie de ce qui ne me sert plus et je me prépare pour un sommeil paisible. »

ASTUCE

Si tu n'as pas le temps pour une douche, lave simplement tes mains ou ton visage en y ajoutant cette intention de purification.

Le carnet de lâcher-prise

Un carnet et un stylo peuvent devenir tes meilleurs alliés pour clore ta journée.

- Note tout ce qui t'a pesé ou tracassé dans la journée. Pas besoin de développer, juste quelques mots suffisent.
- Relis tes notes, puis ferme le carnet en disant : « Je laisse tout cela derrière moi. Demain est un nouveau jour. »
- Si tu veux renforcer l'effet, visualise ces mots se dissoudre ou se transformer en lumière.

L'étirement magique

Quelques mouvements doux avant de te coucher peuvent faire des merveilles pour relâcher les tensions accumulées.

- Étire-toi doucement en respirant profondément.
- Avec chaque expiration, imagine que tu libères une tension ou une pensée négative.
- Dis à voix haute ou en silence : « Je relâche tout ce qui ne me sert plus et j'accueille la sérénité. »

ASTUCE

Pas besoin d'un tapis de yoga ou d'un cours avancé. Même un simple étirement dans ton lit peut suffire.

La respiration en pleine conscience

La respiration est l'un des outils les plus simples et les plus puissants pour apaiser ton esprit et clore ta journée.

- Assieds-toi ou allonge-toi confortablement.
- Inspire profondément en pensant : « J'accueille la paix. »
- Expire lentement en disant : « Je libère les tensions. »
- Répète pendant quelques minutes, jusqu'à ce que tu te sentes plus léger·ère.

Un exemple de routine magique du soir

- **Allume une bougie :** dis une intention de libération et d'apaisement.
- **Prends une douche :** imagine que l'eau purifie ton énergie.

- **Écris dans ton carnet :** note tes pensées ou gratitudes pour la journée.
- **Fais une respiration consciente :** inspire la sérénité, expire les tensions.

Et si la journée a été chaotique ?

Les jours où tout semble aller de travers, un rituel plus axé sur le lâcher-prise peut t'aider à retrouver ton calme.

- Prends un objet symbolique (une pierre, une feuille, ou même un papier froissé).
- Imprègne cet objet de tout ce qui t'a pesé dans la journée. Visualise les énergies négatives s'y transférer.
- Dépose cet objet dans un coin ou jette-le (si c'est un papier), en disant : « Je laisse tout cela derrière moi. »

La touche de magie : gratitude et bienveillance

Avant de fermer les yeux, prends quelques secondes pour remercier la journée qui s'achève. Même si elle n'a pas été parfaite, trouve une petite chose pour laquelle tu es reconnaissant·e. Cela peut être aussi simple qu'un rayon de soleil, un sourire échangé, ou le fait que tu sois enfin dans ton lit.

Murmure : « Merci pour cette journée, avec ses leçons et ses moments magiques. Je me prépare à une nuit de paix et de renouveau. »

Et si Kawa s'invite?

Il se peut que ton assistant félin décide de transformer ton rituel du soir en course-poursuite avec un élastique ou en séance d'escalade sur ton lit. Prends cela comme un rappel joyeux que, même dans la magie, il y a de l'imprévu. Et si Kawa s'endort à côté de toi, considère que c'est une bénédiction supplémentaire pour ta nuit.

EN RÉSUMÉ

Apaiser et libérer avant de dormir

Le soir est une opportunité d'effacer l'ardoise, de poser un point final à la journée et de préparer ton esprit à se régénérer pendant la nuit. Avec quelques gestes simples et une intention claire, tu peux transformer ce moment en un rituel sacré, léger et apaisant. Alors prends une bougie, un carnet, ou juste une respiration, et laisse la magie du soir faire le reste.

Pratiquer la gratitude pour attirer les énergies positives

La gratitude, c'est un peu comme une baguette magique. Elle ne fait pas disparaître les soucis d'un coup de poignet, mais elle transforme la façon dont tu vois les choses. Quand tu pratiques la gratitude, tu déplaces ton attention des « manques » aux « abondances », des frustrations aux petites joies, et c'est là que la magie opère. Et, bonne nouvelle : pratiquer la gratitude, c'est simple, léger et à la portée de tout le monde, même après une journée longue et un peu chaotique.

Pourquoi la gratitude est-elle si puissante ?

La gratitude, c'est comme planter des graines de positivité dans le jardin de ton esprit (joli, non ?). Plus tu te concentres sur ce qui va bien, plus tu en attires. Pas besoin d'un gros geste pour ça : une tasse de thé, un rayon de soleil ou un sourire suffisent pour illuminer ta journée – ou ta soirée.

C'est aussi un excellent rituel du soir, car :

- elle t'aide à clore ta journée sur une note positive ;
- elle attire des énergies légères et bienveillantes ;
- elle favorise un sommeil apaisé (et qui n'en a pas besoin ?).

Comment pratiquer la gratitude en douceur ?

Pratiquer la gratitude ne nécessite ni grand discours ni grands gestes. Juste un instant pour respirer, observer et apprécier.

Le carnet de gratitude magique

Si tu as un carnet ou un journal, utilise-le pour noter trois choses qui t'ont rendu·e heureux·se ou reconnaissant·e dans la journée. Pas besoin que ce soit énorme, même les petites choses comptent.

Exemples

- « Le café de ce matin était particulièrement bon. »
- « J'ai vu un oiseau se poser sur ma fenêtre, c'était apaisant. »
- « Kawa m'a laissée travailler pendant au moins cinq minutes sans marcher sur mon clavier. »

ASTUCE

Si écrire te semble trop formel, tu peux simplement y réfléchir pendant quelques minutes avant de dormir.

La méditation de gratitude

Prends un instant pour te poser dans un endroit calme (ton lit fait très bien l'affaire) et ferme les yeux.

- Inspire profondément en pensant : « Je suis reconnaissant·e pour tout ce que j'ai reçu aujourd'hui. »
- Expire lentement en visualisant une lumière dorée qui t'entoure, remplie d'énergie positive.
- Répète pendant quelques minutes, en te concentrant sur les moments ou sensations agréables de la journée.

Un soir, je faisais une méditation de gratitude quand j'ai entendu un bruit étrange. En ouvrant les yeux, j'ai vu que Kawa avait décidé de participer en « offrant » une chaussette qu'il avait trouvée. Moralité : la gratitude attire vraiment toutes sortes de cadeaux.

La liste spontanée

Si tu n'as ni carnet ni envie de méditer, dresse simplement une liste mentale avant de te coucher. Récite à voix haute ou dans ta tête tout ce qui t'a fait sourire aujourd'hui.

Exemples

- « Le Soleil était magnifique ce matin. »
- « J'ai reçu un message gentil d'un·e ami·e. »
- « J'ai mangé un excellent dessert. »
- « Kawa a ronronné sur mes genoux (même si c'était juste avant de renverser une bougie). »

ASTUCE

Même si la journée n'a pas été parfaite, trouve au moins une chose qui t'a fait du bien. Ça peut être aussi simple que : « Je suis reconnaissant·e d'avoir terminé cette journée. »

Un objet de gratitude

Choisis un petit objet (un cristal, une pierre, ou même une feuille ramassée dehors) et utilise-le comme ancre pour ta gratitude.

- ✦ Touche ou tiens cet objet chaque soir en réfléchissant à une chose pour laquelle tu es reconnaissant·e.
- ✦ Visualise ta gratitude imprégner l'objet, comme s'il devenait un petit réservoir d'énergie positive.

Quand tout semble aller de travers...

Il y a des jours où la gratitude peut sembler plus difficile à trouver (genre quand Kawa renverse ton verre d'eau ou que tu rates ton bus). Mais même dans ces moments, il y a toujours quelque chose à apprécier, ne serait-ce que le fait d'avoir survécu à la journée.

Exemples

- ✦ « Cette journée a été dure, mais je suis reconnaissant·e de pouvoir enfin me reposer. »
- ✦ « Tout n'a pas été parfait, mais j'ai appris quelque chose aujourd'hui. »

Un rituel de gratitude simple pour le soir

- ✦ **Allume une bougie :** si tu le peux, fais-le avec l'intention de remercier la journée qui s'achève.
- ✦ **Prends un moment pour respirer :** inspire la paix, expire les tensions.
- ✦ **Note ou réfléchis à trois choses pour lesquelles tu es reconnaissant·e.**
- ✦ **Murmure une phrase de gratitude :** « Merci pour cette journée, avec ses hauts et ses bas. Je me prépare à accueillir une nuit paisible. »

Et si Kawa décide de s'inviter?

Il y a des chances qu'au moment de ton rituel de gratitude, Kawa décide que c'est le moment idéal pour bondir sur ta couverture ou réclamer une dernière caresse. Prends cela comme un rappel de rester dans l'instant présent – et ajoute-le à ta liste de gratitude, même si cela vient avec un peu de chaos.

EN RÉSUMÉ

La gratitude, une clé pour les énergies positives

Pratiquer la gratitude, c'est ouvrir une porte vers un monde de positivité et de sérénité. Pas besoin de faire compliqué : un carnet, une pensée ou un simple merci suffisent pour transformer ta soirée en un moment d'harmonie. Alors respire, réfléchis aux belles choses de ta journée et laisse la gratitude illuminer ta nuit.

PARTIE III

La magie des objets et de ton espace

Dans cette partie, nous allons plonger dans un univers où chaque objet, chaque coin de ton espace, peut devenir un allié magique. Pas besoin de baguette magique ou de cristaux rares (si tu en as, c'est toujours un bonus). Ici, ton quotidien se transforme en une toile où la magie s'exprime à travers des objets simples, des gestes conscients et une connexion à ton espace.

Prépare-toi à découvrir comment l'ordinaire peut devenir extraordinaire avec un peu d'intention et beaucoup d'amour pour ton cocon.

Les objets du quotidien : des outils magiques à portée de main

Dans la Mundane Magick, la beauté réside dans la simplicité. Les objets qui peuplent ton quotidien ne sont pas juste des choses pratiques ; ce sont des alliés magiques qui attendent que tu leur insuffles une intention pour révéler leur véritable potentiel. Pourquoi acheter des accessoires ésotériques coûteux quand ta cuillère en bois, ton porte-clé ou même ton rouge à lèvres peuvent devenir des talismans puissants ?

Prêt·e à redécouvrir ton monde et à le charger de magie ? Alors plongeons dans l'univers enchanté des objets du quotidien.

Pourquoi chaque objet peut-il être magique ?

Ils sont déjà dans ton quotidien

Les objets que tu utilises tous les jours ont un avantage majeur : ils te sont familiers. Tu les touches, les regardes et les emportes partout. C'est cette proximité qui en fait des candidats idéaux pour devenir des talismans.

Ils portent une énergie

Tout a une énergie. Les objets du quotidien, par leur usage et leur histoire, en sont imprégnés. Imagine la puissance d'un collier que tu portes depuis des années ou d'une tasse que tu utilises chaque matin.

Ils sont pratiques

Pas besoin de transporter une pierre géante ou un bâton d'encens dans ton sac à main. Une clé, un bijou ou même un stylo peuvent facilement intégrer ta routine magique sans attirer l'attention.

Comment transformer un objet ordinaire en talisman extraordinaire ?

Le nettoyage magique

Avant de commencer, purifie l'objet pour le débarrasser des énergies anciennes ou stagnantes.

- ✦ Passe-le sous l'eau courante en disant : « Je libère cet objet de toute énergie passée. »
- ✦ Utilise de la fumée d'encens ou d'herbes comme la sauge ou le romarin.
- ✦ Laisse-le reposer à la lumière du soleil ou de la lune.

Pose ton intention

L'intention, c'est le cœur de la transformation. Tiens l'objet dans tes mains, ferme les yeux et réfléchis à ce que tu veux qu'il symbolise ou t'apporte.

Exemples :

- ✦ une clé peut symboliser l'ouverture de nouvelles opportunités ;
- ✦ une bague peut devenir un rappel constant de ta confiance en toi.

Charge l'objet

Visualise une lumière (dorée, blanche ou de la couleur qui te parle) qui entoure l'objet et l'imprègne de ton intention. Respire profondément et dis une phrase simple, comme :

- « Je charge cet objet de lumière et de force. »
- « Que cet objet me protège et m'accompagne avec bienveillance. »

Utilise-le consciemment

Pour qu'un talisman fonctionne, il doit être utilisé régulièrement. Chaque fois que tu le touches ou le vois, rappelle-toi l'intention que tu as posée.

Exemples d'objets du quotidien transformés en talismans

Un porte-clé : un talisman d'opportunité

Ton trousseau de clés t'accompagne partout, alors pourquoi ne pas en faire un symbole magique ?

- Choisis une clé principale et charge-la avec une intention, comme : « Que cette clé ouvre les portes de la prospérité et des nouvelles opportunités. »
- Ajoute un porte-clé avec un symbole significatif, comme une étoile (guidance) ou une plume (légèreté).

La tasse du matin : un rituel de clarté

Ta tasse de thé ou de café préférée peut devenir un outil pour commencer ta journée avec intention.

- Pendant que tu prépares ta boisson, remue doucement en disant : « Que cette tasse m'apporte énergie et clarté. »
- Bois lentement, en laissant chaque gorgée ancrer ton intention pour la journée.

Une écharpe : un cocon protecteur

Ton écharpe, en plus de te tenir chaud, peut devenir un bouclier énergétique.

- Avant de la mettre, visualise une lumière dorée qui l'imprègne et te protège tout au long de la journée.
- Murmure : « Que cette écharpe m'entoure de chaleur et de sécurité. »

Un stylo : un outil de manifestation

Un simple stylo peut devenir un puissant outil pour écrire tes intentions, tes projets ou tes pensées.

- Charge-le avec une intention de clarté et de créativité.
- Utilise-le pour écrire dans ton carnet magique ou même pour signer des documents importants.

Les objets oubliés qui cachent un potentiel magique

Regarde autour de toi. Les objets que tu considères comme banals pourraient bien avoir un rôle à jouer dans ta Mundane Magick :

- **les boutons ou rubans :** porte-les sur toi pour attirer la chance ;
- **les miroirs :** ils peuvent amplifier l'énergie ou réfléchir les intentions négatives loin de toi ;
- **les chaussures :** avant de les enfiler, visualise qu'elles te guident vers des chemins alignés avec tes objectifs.

Quelques idées pour personnaliser les talismans

- **Ajoute une touche personnelle :** graves-y un symbole, ajoute un nœud ou un motif qui te parle.

- **Associe un parfum** : frotte un peu d'huile essentielle (lavande pour la sérénité, citron pour la clarté) sur l'objet.
- **Change régulièrement :** mets à jour tes talismans au fil des saisons ou selon tes besoins.

Et si Kawa s'invite...?

Si Kawa décide que ton talisman récemment chargé est son nouveau jouet préféré, prends cela comme une bénédiction inattendue. Les chats ont une intuition particulière pour détecter ce qui est précieux – même si leur manière de le montrer implique de le pousser du bord de la table.

EN RÉSUMÉ

La magie est partout

La Mundane Magick ne nécessite pas de matériel coûteux ou exotique. Tes objets du quotidien sont déjà là, prêts à devenir des talismans remplis de puissance et d'intention. Que ce soit une clé, une tasse ou une écharpe, tout peut être transformé en outil magique pour t'accompagner dans ta vie.

Alors explore ton espace, choisis un objet et donne-lui une nouvelle vie. La magie est dans l'ordinaire, et avec un peu d'intention, tu peux la faire briller chaque jour.

La symbolique des objets domestiques

Dans la Mundane Magick, chaque objet du quotidien peut devenir un allié magique. Et si certains outils de cuisine semblent bien éloignés des cristaux scintillants ou des bougies parfumées, ils n'en sont pas moins puissants. Ta cuisine, en réalité, est une mine d'or ésotérique où chaque ustensile a une fonction pratique et une signification symbolique.

Et si tu te dis « Mais ce n'est qu'une poêle ! » détrompe-toi : c'est un chaudron moderne, prêt à transformer des ingrédients simples en plats magiques. Prépare-toi à découvrir la face cachée de ton tiroir d'ustensiles.

Pourquoi les outils domestiques ont-ils une symbolique magique ?

Ils sont liés aux éléments

Les outils de cuisine travaillent avec les quatre éléments fondamentaux :

- **feu :** la chaleur de la cuisson (poêle, casserole) ;
- **eau :** le nettoyage et l'hydratation (l'évier, les bols) ;
- **air :** les fouets qui incorporent de l'air ou les odeurs qui s'élèvent pendant la cuisson ;
- **terre :** les matériaux (bois, métal) et les aliments eux-mêmes.

Ils participent à la transformation

Quand tu cuisines, tu transformes. Un œuf devient un gâteau, une carotte devient une soupe. Chaque ustensile joue un rôle dans cette alchimie quotidienne.

Ils portent ton intention

Avec un peu de conscience, chaque outil peut devenir un vecteur de magie. Que tu remues, coupes ou mélanges, tout geste peut être empreint d'une intention.

Exploration des outils magiques de la cuisine

La cuillère en bois : le maître alchimiste

La cuillère en bois est probablement l'outil le plus symbolique de la cuisine magique. En bois naturel, elle incarne la Terre, et sa capacité à mélanger et intégrer les ingrédients la rend essentielle pour unir les énergies.

Utilisation magique

Remue dans le sens des aiguilles d'une montre pour attirer de l'énergie positive.

Inverse le sens pour libérer ou nettoyer.

Ajoute une intention à chaque tour : « Je mélange amour et vitalité dans ce plat. »

Le couteau : l'arme du discernement

Le couteau n'est pas qu'un outil pour couper des légumes, c'est aussi un symbole de clarté et de pouvoir. Il tranche dans le vif, élimine ce qui ne sert plus et divise pour mieux réunir.

Utilisation magique

En coupant, visualise que tu te débarrasses des énergies inutiles : « Je libère ce qui me pèse. »

Utilise-le pour tracer symboliquement une barrière protectrice en l'air autour de ton espace de travail.

La planche à découper : l'autel du quotidien

Sur ta planche à découper, tout commence. Elle est le socle sur lequel les ingrédients se préparent pour la transformation.

Symbolisme

- Elle représente la stabilité et l'ancrage.
- C'est un espace de transition où tout est mis à nu avant d'être transformé.

Utilisation magique

Avant de commencer à couper, pose une main sur ta planche et dis : « Que cet espace soit un terrain de création et d'abondance. »

Le rouleau à pâtisserie : aplanir et harmoniser

Si tu as déjà utilisé un rouleau à pâtisserie, tu sais à quel point il est satisfaisant de lisser une pâte jusqu'à ce qu'elle soit parfaite. C'est un outil de contrôle et d'harmonie.

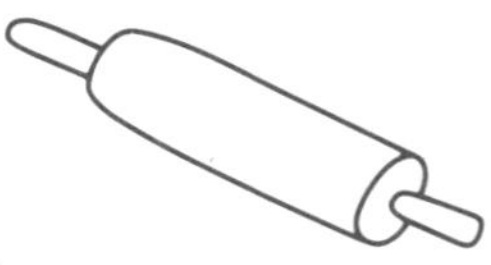

Symbolisme

- Lisser les aspérités, éliminer les résistances.
- Préparer un espace pour une nouvelle création.

Utilisation magique

Pendant que tu roules la pâte, dis : « J'harmonise mes énergies et prépare un terrain propice à la nouveauté. »

Le fouet : insuffler de l'énergie

Le fouet est l'outil parfait pour incorporer de l'air et de l'énergie dans une préparation. Chaque coup de fouet peut symboliser une intention d'élévation ou de dynamisme.

Utilisation magique

Pendant que tu fouettes, visualise une lumière dorée qui se mêle à ta préparation et dis : « J'ajoute vitalité et légèreté à cette création. »

Les casseroles et poêles : les chaudrons modernes

Pas besoin d'un chaudron en fonte pour pratiquer la magie. Tes casseroles et poêles font très bien l'affaire. Elles concentrent l'énergie et permettent la transformation par la chaleur.

Symbolisme

- ✦ La casserole est un espace de création où tout se mélange.
- ✦ La chaleur symbolise la force et l'énergie nécessaires au changement.

Utilisation magique

Avant de poser ta casserole sur le feu, dis : « Que cette chaleur transforme ces ingrédients en une source de force et d'harmonie. »

Le moulin à poivre : révéler et intensifier

Le moulin à poivre ou à épices est un outil de libération. Chaque tour libère des arômes et des saveurs cachés, symbolisant l'amplification et l'intensité.

Utilisation magique

Pendant que tu mouds, dis : « Je révèle et intensifie les bonnes énergies dans ce plat. »

Et si Kawa veut « aider » ?

Si ton fidèle assistant félin s'invite dans ta cuisine, il se pourrait qu'il transforme ta cuillère en bois en jouet ou qu'il décide que ta planche à découper est son nouveau podium. Prends cela comme une opportunité de pratiquer la patience et d'ajouter un soupçon de chaos joyeux à ta magie.

Comment ancrer sa pratique magique avec ses outils domestiques ?

- **Choisis un outil comme « allié » principal :** par exemple, ta cuillère en bois peut devenir ton symbole d'harmonie.
- **Ajoute un élément symbolique :** attache un ruban à ton couteau ou grave un symbole discret sur ta planche à découper.
- **Pratique avec intention :** chaque fois que tu utilises un outil, prends une seconde pour poser une intention simple, comme : « Je prépare un espace de transformation et d'amour. »

EN RÉSUMÉ

Une cuisine pleine de magie

Tes outils domestiques ne sont pas que des objets utilitaires. Ils sont porteurs de symboles et de pouvoirs qui, une fois activés, peuvent transformer ta cuisine en un espace sacré. Que tu tranches, mélanges ou mijotes, chaque geste peut devenir un acte magique, rempli d'intention et d'énergie positive.

Alors, la prochaine fois que tu attrapes ta cuillère en bois ou ton fouet, rappelle-toi que tu tiens bien plus qu'un ustensile : tu tiens un outil magique, prêt à t'accompagner dans ta Mundane Magick.

Purifier et protéger son espace

Ton espace, c'est ton sanctuaire. Que tu vives dans un manoir, un studio ou sous une tente en plein air, c'est là que tu recharges tes batteries, que tu trouves ton équilibre et que ta magie prend racine. Mais, comme tout sanctuaire, il a besoin d'attention pour rester un lieu de sérénité et de protection.

Purifier et protéger ton espace, c'est comme faire le ménage, mais version énergétique. Pas besoin de passer des heures à réciter des incantations compliquées (sauf si tu veux, bien sûr). Avec des gestes simples, des outils accessibles et une bonne dose d'intention, tu peux transformer ton espace en un lieu où règnent harmonie et énergie positive.

Pourquoi purifier et protéger son espace ?

L'espace absorbe des énergies

Chaque personne, objet ou événement qui entre dans ton espace y laisse une empreinte énergétique. Parfois, ces énergies sont légères et joyeuses (comme après une fête réussie), mais d'autres fois, elles peuvent être lourdes ou stagnantes (comme après une dispute ou une journée stressante).

C'est une question d'hygiène énergétique

Tout comme tu passes l'aspirateur ou nettoies ta cuisine, purifier ton espace permet de garder l'énergie fluide et claire. Un espace énergétiquement propre t'aide à mieux te concentrer, à te sentir plus détendu·e et à pratiquer ta magie avec plus de puissance.

La protection renforce le sanctuaire

Une fois ton espace purifié, le protéger empêche les énergies négatives de s'installer à nouveau. C'est comme verrouiller une porte après avoir nettoyé une pièce : cela garde l'énergie positive à l'intérieur et les mauvaises ondes à l'extérieur.

Les signes qu'il est temps de purifier son espace

- Tu te sens fatigué·e ou irritable sans raison chez toi.
- Ton espace semble « lourd » ou stagnant, même après un bon ménage.
- Les plantes ou les appareils électroniques agissent bizarrement. (La plante qui dépérit ou la lampe qui clignote sans raison, ça te dit quelque chose ?)
- Kawa refuse d'entrer dans une pièce – les animaux sont souvent très sensibles aux énergies.

Si tu coches une ou plusieurs cases, il est peut-être temps de sortir ton encens ou ton sel pour un petit nettoyage magique.

Les outils pour purifier son espace

L'air : l'élément du mouvement

L'air est un excellent moyen de renouveler l'énergie stagnante.

- **Des fenêtres ouvertes :** rien de plus simple et efficace. Laisse entrer une brise fraîche pour emporter les vieilles énergies.
- **L'encens :** les classiques comme la sauge, le palo santo ou le romarin sont parfaits. Allume-le et passe dans chaque pièce en disant : « Que cette fumée emporte ce qui ne me sert plus. »
- **Une cloche ou un bol chantant :** le son brise l'énergie stagnante et la remplace par une vibration plus légère.

L'eau : l'élément purificateur

L'eau est idéale pour nettoyer énergétiquement les surfaces et les objets.

- **L'eau salée :** mélange un peu de sel dans de l'eau et utilise-la pour essuyer tes meubles ou même pour vaporiser dans l'air.
- **L'infusion magique :** prépare une infusion de romarin ou de lavande et utilise-la pour laver les sols ou vaporiser les coins.

Le feu : l'élément transformateur

Le feu purifie et transforme les énergies.

- **Les bougies :** allume une bougie blanche et visualise une lumière qui se répand dans toute la pièce, nettoyant et éclairant chaque recoin.
- **Le papier brûlé :** écris sur un papier ce que tu veux libérer (tensions, énergies négatives), puis brûle-le dans un récipient sûr.

La terre : l'élément stabilisateur

La terre ancre et absorbe les énergies négatives.

- **Le sel :** place une petite coupelle de sel dans les coins de ta pièce pour absorber les énergies stagnantes. Change-le régulièrement.
- **Les cristaux :** des pierres comme l'obsidienne, la tourmaline noire ou l'améthyste sont excellentes pour protéger ton espace.

Rituel simple pour purifier son espace

- **Prépare ton matériel :** encens, bougie blanche, bol d'eau salée, et un cristal si tu en as un.
- **Pose une intention :** respire profondément et dis : « Je purifie cet espace et le remplis d'harmonie et de lumière. »
- **Purifie chaque pièce :** passe avec ton encens ou ta bougie, en insistant sur les coins (là où les énergies stagnent souvent).
- **Scelle ton intention :** une fois terminé, pose ton cristal ou une coupelle de sel au centre de ton espace pour ancrer l'énergie positive.

Protéger son espace après purification

Une fois ton espace purifié, il est nécessaire de le protéger pour maintenir cette belle énergie.

Créer une barrière énergétique

Visualise une lumière blanche ou dorée qui entoure ton espace comme un bouclier. Dis à voix haute : « Que cette lumière protège cet espace et empêche les énergies négatives d'y entrer. »

Placer des objets protecteurs

- **Cristaux :** place une tourmaline noire ou un quartz clair près de l'entrée pour filtrer les énergies.
- **Symboles protecteurs :** accroche un symbole qui te parle (œil protecteur, pentacle ou autre) près de ta porte.
- **Sel ou herbes :** saupoudre un peu de sel ou place des branches de romarin près des fenêtres ou des seuils.

Renforcer régulièrement la protection

Tout comme une maison a besoin d'entretien, ton bouclier énergétique a besoin d'être renouvelé. Reprends ces étapes toutes les deux semaines, ou après un événement chargé en émotion.

Quelques rituels spécifiques pour purifier et protéger son espace

Le rituel du seuil

Ton entrée est comme une bouche d'énergie pour ta maison. Purifie-la régulièrement pour garder une énergie claire.

- Nettoie le sol avec une infusion de romarin et de citron.
- Trace un symbole de protection sur la porte (même discrètement avec un doigt).
- Place un cristal ou une plante protectrice à côté de la porte.

Le rituel des coins oubliés

Les coins de ta maison sont souvent des pièges à énergie stagnante.

- Passe de l'encens ou de l'eau salée dans chaque coin en disant : « Que cet espace reste lumineux et pur. »
- Place une petite coupelle de sel ou un cristal dans les coins particulièrement chargés.

Le rituel de renouvellement après une visite

Après une fête ou une visite intense, prends un instant pour purifier ton espace.

- Ouvre les fenêtres pour renouveler l'air.
- Passe un encens léger comme la myrrhe ou la lavande.
- Allume une bougie pour redonner une énergie chaleureuse.

La fumigation : purifier avec l'air et le feu

La fumigation est l'un des moyens les plus anciens et efficaces pour purifier un espace. En brûlant des herbes locales et accessibles, tu libères une fumée chargée d'intentions de purification et de renouveau. C'est un peu comme ouvrir grand les fenêtres de ton espace énergétique… avec une petite touche magique en plus.

Pourquoi la fumigation fonctionne-t-elle?

✦ **L'air :** il fait circuler l'énergie stagnante et permet de renouveler les vibrations.

✦ **Le feu :** il transforme les énergies négatives en lumière et en chaleur.

✦ **La fumée :** elle agit comme un « balai énergétique », nettoyant tout sur son passage.

Les herbes et résines adaptées pour la fumigation

✦ **Romarin : le nettoyeur protecteur**

- Facile à trouver dans ta cuisine ou ton jardin, le romarin est idéal pour nettoyer en douceur tout en renforçant l'énergie protectrice.
- Quand l'utiliser ? Quand tu veux purifier et ancrer ton espace.

✦ **Thym : clarté mentale et harmonie**

- Le thym aide à dissiper les énergies stagnantes et à apporter une vibration apaisante.
- Quand l'utiliser ? Après une journée stressante ou pour apaiser ton espace.

✦ **Lavande : purification et sérénité**

- La lavande est parfaite pour calmer les esprits et remplir ton espace d'une énergie douce et accueillante.
- Quand l'utiliser ? Dans la chambre ou après une dispute pour retrouver une ambiance paisible.

✦ **Laurier : protection et sagesse**

- Les feuilles de laurier sont connues pour leurs propriétés de purification et de protection.
- Quand l'utiliser ? Pour éloigner les énergies négatives et favoriser un environnement clair et inspirant.

✦ **Armoise : le voyage intérieur**

- L'armoise est une herbe puissante pour purifier et élever la vibration d'un lieu. Elle est particulièrement utile pour soutenir les pratiques introspectives ou méditatives.
- Quand l'utiliser ? Avant un rituel ou une session de méditation.

Comment pratiquer la fumigation ?

✦ **Prépare ton matériel.**

Choisis une herbe (romarin, thym ou lavande par exemple), un récipient résistant à la chaleur (comme une coquille ou une petite assiette) et une allumette ou un briquet.

✦ **Pose ton intention.**

Avant d'allumer, tiens ton herbe dans tes mains et dis : « Que cette fumée nettoie et purifie cet espace, apportant lumière et harmonie. »

✦ **Allume et parcours ton espace.**

- Allume ton herbe, souffle doucement pour obtenir une fumée constante et déplace-toi dans chaque pièce.
- Passe dans les coins, près des portes et des fenêtres et autour des objets souvent utilisés.
- Murmure une phrase d'intention pendant que tu fumes, comme : « Je libère ce lieu de tout ce qui ne me sert plus. »

✦ **Aère après-coup.**

Une fois la fumigation terminée, ouvre les fenêtres pour laisser sortir la fumée (et les énergies négatives qu'elle emporte).

Alternatives pour la fumigation sans fumée

Si tu préfères éviter la fumée ou si tu es sensible, il existe d'autres moyens d'utiliser les herbes pour purifier ton espace :

- **l'infusion nettoyante :** prépare une infusion de romarin ou de lavande et utilise-la pour laver tes surfaces ou vaporiser dans l'air ;
- **le sachet d'herbes :** place un petit sachet d'herbes séchées dans les coins de ta maison pour absorber les énergies négatives ;
- **le diffuseur d'huiles essentielles :** diffuse des huiles essentielles comme le romarin, la lavande ou le citron pour une purification légère et efficace.

Les cristaux : des alliés magiques pour protéger et purifier

Les cristaux ne sont pas seulement beaux à regarder, ce sont aussi de véritables éponges énergétiques et des émetteurs de vibrations positives. Utiliser des cristaux pour purifier et protéger ton espace, c'est un moyen simple et puissant de maintenir une bonne énergie chez toi.

Pourquoi les cristaux fonctionnent-ils ?

Les cristaux vibrent naturellement à une fréquence spécifique, ce qui peut :

- élever la vibration de ton espace ;
- absorber les énergies négatives ;
- renforcer l'intention que tu poses pour ton sanctuaire.

Les cristaux essentiels pour purifier et protéger

La tourmaline noire : le bouclier énergétique

- **Propriétés :** absorbe les énergies négatives et protège contre les vibrations toxiques.
- **Où la placer ?** Près de la porte d'entrée ou des fenêtres pour bloquer les intrusions énergétiques.

Le quartz clair : l'amplificateur universel

- **Propriétés :** purifie et amplifie l'énergie positive.
- **Où le placer ?** Au centre de ton espace ou sur ton autel pour diffuser des vibrations harmonieuses.

L'améthyste : la sérénité en cristal

- **Propriétés :** apporte paix et clarté tout en nettoyant les énergies environnantes.
- **Où la placer ?** Dans ta chambre ou ton espace de méditation pour favoriser la tranquillité.

La sélénite : la lumière douce

- **Propriétés :** purifie et recharge d'autres cristaux, tout en maintenant une vibration élevée.
- **Où la placer ?** Sur une étagère ou près de ton autel comme « source lumineuse » énergétique.

L'obsidienne : l'ancrage et la protection

- **Propriétés :** dissout les énergies négatives et te connecte à la Terre.
- **Où la placer ?** Dans les coins sombres ou les endroits où tu ressens une lourdeur énergétique.

Comment utiliser les cristaux dans ton espace ?

- **Purifie tes cristaux.**
  Avant de les placer, nettoie-les avec de l'eau claire (attention à vérifier si ce nettoyage est le meilleur, certains cristaux comme la sélénite ne supportent pas l'eau), de la fumée d'encens ou en les exposant à la lumière de la Lune.

- **Charge-les avec une intention.**
  Tiens chaque cristal dans tes mains et dis : « Je charge ce cristal pour qu'il purifie et protège cet espace avec amour et lumière. »

- **Dispose-les stratégiquement.**
  Place une tourmaline noire près de l'entrée pour repousser les mauvaises énergies.
  Crée une « grille » de cristaux dans les coins de ton espace pour maintenir une vibration stable.
  Mets une améthyste ou une sélénite sur ton bureau ou ta table de chevet pour une énergie apaisante.

- **Entretiens-les régulièrement.**
  Les cristaux absorbent beaucoup d'énergie, alors pense à les purifier tous les mois (ou après un événement particulièrement intense).

Petit rituel combiné : fumigation et cristaux

- **Commence par la fumigation.** Passe ton encens ou ton herbe de purification dans chaque pièce pour nettoyer l'énergie stagnante.
- **Place tes cristaux.** Dispose-les dans les coins, près des fenêtres ou sur ton autel pour ancrer l'énergie positive.
- **Scelle ton intention.** Allume une bougie et dis : « Que cet espace reste pur, protégé et empli de lumière. Que cette lumière grandisse chaque jour. »

Quand Kawa s'en mêle...

Si Kawa décide de s'inviter à ton rituel, ne sois pas surpris·e de le voir inspecter chaque coupelle de sel ou faire tomber ton cristal fraîchement placé. Prends cela comme une contribution féline au processus : après tout, les chats sont des experts en protection énergétique... même si leur méthode semble parfois chaotique.

EN RÉSUMÉ

Purifier et protéger, un art simple mais puissant

Purifier et protéger ton espace n'est pas une corvée, c'est un acte d'amour envers toi-même et ton sanctuaire. Avec des gestes simples et des intentions claires, tu peux transformer ton lieu de vie en un véritable refuge d'harmonie et de magie. Alors prends ton encens, ouvre tes fenêtres et laisse l'énergie positive s'installer chez toi.

Créer un autel domestique : le point d'ancrage

Un autel, c'est bien plus qu'un joli coin décoratif avec des bougies et des cristaux. C'est ton espace sacré, ton refuge énergétique et ton lieu de connexion avec toi-même et avec le monde magique qui t'entoure. Il n'a pas besoin d'être imposant, ni même permanent. Il peut être discret, transportable ou caché dans un coin tranquille. Ce qui compte, c'est l'intention que tu y mets.

Créer un autel domestique, c'est comme planter une graine magique dans ton espace de vie. À chaque fois que tu t'y rends, tu cultives une énergie particulière qui te soutient, te protège et te recentre. Alors, que tu sois un·e minimaliste avec une bougie et un cristal ou un·e maximaliste avec un étalage digne d'un musée ésotérique, ton autel peut devenir le cœur battant de ta Mundane Magick.

Pourquoi créer un autel ?

Un espace sacré dans le quotidien

Ton autel, c'est un rappel tangible que la magie existe au cœur de ton quotidien. Il n'est pas réservé à des rituels complexes : c'est un espace où tu peux méditer, poser tes intentions ou simplement prendre une minute pour respirer.

Une ancre pour les intentions

Chaque fois que tu passes devant ou que tu utilises ton autel, il te rappelle ce que tu veux manifester ou attirer dans ta vie. Que ce soit la sérénité, l'amour, la prospérité ou la confiance, ton autel devient un allié constant.

Une accumulation d'énergie positive

À force de t'en servir régulièrement, ton autel devient un lieu chargé d'énergie bénéfique. C'est comme un petit « chargeur magique » toujours prêt à t'aider à te réaligner.

Comment choisir l'emplacement de son autel ?

Écouter son intuition

L'endroit idéal pour ton autel est celui où tu te sens bien. Un coin calme de ta chambre, une étagère dans ton salon ou même une petite boîte transportable peuvent convenir. Fais confiance à ton instinct pour trouver l'emplacement qui te semble juste.

Trouver un espace pratique

Ton autel doit être facile d'accès et pratique à entretenir. Si tu es pressé·e ou si tu as peu d'espace, un plateau que tu peux ranger après usage peut faire l'affaire.

Prioriser le calme

Si possible, choisis un endroit où tu peux être tranquille. Les zones très fréquentées (comme le comptoir de la cuisine) risquent d'être un peu trop chargées en énergie « pratique » pour un autel.

S'adapter à ses besoins

Pas de pièce dédiée ? Aucun problème. Un coin d'étagère, une table de chevet ou même un tiroir que tu ouvres uniquement pour tes rituels peut devenir un autel.

Les éléments essentiels d'un autel domestique

Ton autel peut contenir ce que tu veux, mais voici quelques suggestions pour t'inspirer :

Une base pour délimiter l'espace

Une nappe, un tissu ou un plateau peut servir de base pour ton autel. Cela permet de définir visuellement ton espace sacré et d'apporter une touche esthétique.

Une source de lumière

Les bougies sont un élément clé d'un autel. Elles représentent la lumière, l'espoir et la connexion spirituelle.

- Une bougie blanche pour la clarté.
- Une bougie colorée en fonction de ton intention (rouge pour l'amour, vert pour la prospérité, etc.).

Si tu préfères éviter les flammes, une bougie LED ou une lampe douce peut aussi convenir.

Des éléments naturels

Intégrer des objets naturels renforce la connexion à la Terre.

- **Cristaux :** quartz, améthyste, ou tout cristal qui te parle.
- **Plantes ou fleurs :** une petite plante en pot ou des feuilles ramassées lors d'une promenade.

- **Objets naturels :** coquillages, pierres, ou même un bâton ramassé dans la forêt.

Des objets symboliques

Ajoute des objets qui ont une signification personnelle ou magique pour toi.

- Une photo, un bijou, une figurine ou un symbole spirituel.
- Des cartes de tarot ou d'oracle peuvent aussi être un ajout puissant.

Un espace pour poser ses intentions

Prévois un petit carnet ou des papiers pour écrire tes intentions ou tes souhaits. Un bol ou une boîte peut servir à les contenir jusqu'à ce qu'ils se manifestent.

Des éléments spécifiques à son intention

Si ton autel est dédié à une intention particulière, choisis des objets qui la reflètent. Par exemple :

- **pour la sérénité :** lavande séchée, améthyste et bougies bleues ;
- **pour la prospérité :** pièces de monnaie, feuilles de laurier et bougies vertes.

Personnaliser son autel selon ses envies

L'autel de saison

Faire évoluer ton autel au fil des saisons est une excellente manière de rester connecté·e aux cycles naturels.

- **Printemps :** fleurs fraîches, œufs et couleurs pastel.
- **Été :** coquillages, cristaux solaires (citrine, ambre) et éléments dorés.
- **Automne :** feuilles rouges, bougies chaudes et objets liés à la récolte.
- **Hiver :** branches de pin, bougies blanches et cristaux clairs.

L'autel minimaliste

Si tu préfères la simplicité, limite-toi à quelques éléments clés : une bougie, un cristal et un objet symbolique.

L'autel mobile

Si tu manques d'espace ou que tu veux garder ton autel privé, utilise un plateau ou une boîte que tu peux ranger facilement.

Utiliser son autel au quotidien

Rituels matinaux ou vespéraux

Allume une bougie le matin pour poser une intention ou le soir pour clore ta journée avec gratitude.

Méditation et réflexion

Ton autel peut devenir ton lieu de méditation ou un espace pour réfléchir à tes projets et tes aspirations.

Recharge énergétique

Utilise ton autel pour recharger tes cristaux, poser des cartes de tarot ou simplement te recentrer après une journée difficile.

Entretenir son autel

Nettoyer régulièrement

Dépoussière et purifie énergétiquement ton autel avec de la fumigation (romarin, lavande) ou une infusion magique.

Renouveler les éléments

Change les bougies, les fleurs ou les intentions pour éviter que l'énergie ne stagne.

Le garder vivant

Ajoute ou retire des objets au fil de tes envies ou de tes besoins. Ton autel doit refléter ton état d'esprit actuel.

Un rituel pour activer son autel

Préparer l'espace

Nettoie et purifie la zone où tu vas installer ton autel.

Disposer les éléments

Place chaque objet avec soin, en réfléchissant à sa symbolique et à son rôle sur ton autel.

Activer l'autel

Allume une bougie et dis : « Je consacre cet autel à la lumière, à la sérénité et à mes intentions. Qu'il devienne un point d'ancrage et de magie dans ma vie. »

L'utiliser régulièrement

Rends-toi à ton autel pour poser des intentions, méditer ou simplement passer un moment au calme.

Et si Kawa veut participer?

Ton chat pourrait bien être attiré par ton autel (après tout, les chats adorent les énergies magiques). Si Kawa décide que ton cristal préféré est un jouet ou que ton bol d'intentions est son nouveau spot de sieste, considère cela comme une « bénédiction féline ». Place les objets fragiles hors de sa portée et laisse-le participer à sa façon.

EN RÉSUMÉ

Un espace pour ancrer ta magie

Créer un autel domestique, c'est te donner un lieu pour te reconnecter à toi-même, à tes intentions et à la magie de ton quotidien. Que ton autel soit discret ou grandiose, il deviendra un espace où l'ordinaire rencontre l'extraordinaire. Alors prends ton cristal, ta bougie, et installe-toi : ton autel t'attend pour écrire la prochaine page de ta Mundane Magick.

PARTIE IV

S'aligner avec les cycles naturels

La nature est un ballet incessant de cycles : la Lune croît et décroît, les saisons changent et nos corps suivent leurs propres rythmes. En te connectant à ces cycles naturels, tu peux enrichir ta Mundane Magick en vivant au rythme de l'univers qui t'entoure.

Cette partie explore comment la Lune, les saisons et ton propre corps peuvent devenir des guides pour poser des intentions, libérer ce qui ne te sert plus et célébrer les changements qui ponctuent ta vie.

Les phases de la Lune

Les énergies de chaque phase lunaire

La Lune, maîtresse des marées et des cœurs romantiques, n'est pas juste une jolie lampe céleste. Elle est un guide précieux pour rythmer ta vie et ta magie. Ses phases ne sont pas que des spectacles astronomiques : elles transportent des énergies spécifiques que tu peux canaliser pour poser des intentions, agir, célébrer et libérer.

Apprendre à travailler avec la Lune, c'est comme se synchroniser avec une mélodie cosmique, où chaque phase est une note différente. En suivant ce rythme, tu harmonises tes actions avec l'Univers, tout en créant des moments de magie dans ton quotidien.

Alors prépare ton carnet, tes cristaux et (si tu as un chat comme Kawa) un espace sécurisé, car voici un guide détaillé sur les énergies lunaires et comment les intégrer dans ta Mundane Magick.

Nouvelle lune : planter les graines

La nouvelle lune est une invitation à faire table rase. Invisible dans le ciel, elle te dit : « C'est le moment de tout recommencer. » C'est une phase pleine de potentiel, où l'énergie est tournée vers l'intérieur.

Énergie

- **Introspection** : regarde en toi pour découvrir ce que tu veux vraiment.
- **Nouveaux départs** : lance de nouveaux projets ou adopte une nouvelle habitude.
- **Potentiel** : tout est possible, mais rien n'est encore fixé.

Rituel pratique : les graines d'intention

- Assieds-toi dans un espace calme et réfléchis à ce que tu veux cultiver dans ta vie.
- Écris tes intentions, comme : « Je souhaite attirer l'abondance » ou « Je veux cultiver la sérénité. »
- Si tu veux symboliser ce rituel, plante une vraie graine dans un petit pot. Regarde-la pousser au fil du cycle lunaire.

ASTUCE

Si tu préfères une approche plus simple, murmure tes intentions en regardant le ciel nocturne. Et si Kawa décide de gratter la terre de ton pot? Une bénédiction féline, bien sûr.

Premier croissant : l'élan vers l'action

Le premier croissant marque le moment où la Lune réapparaît timidement dans le ciel. C'est une phase dynamique, où l'élan et la curiosité dominent. Après avoir posé tes intentions, c'est le moment de les nourrir avec des actions concrètes.

Énergie

- **Dynamisme** : une poussée pour avancer vers tes objectifs.
- **Engagement** : mets en œuvre tes intentions avec des gestes simples.

- **Optimisme** : cette phase est remplie de promesses et d'opportunités.

Rituel pratique : l'élixir d'élan

- Prépare une boisson que tu aimes (thé, tisane, ou même un café).
- Tiens la tasse entre tes mains et visualise tes intentions comme des graines en pleine croissance.
- Bois lentement en disant : « Je nourris mes intentions avec amour et action. »

Premier quartier : ajuster le tir

Quand la Lune atteint son premier quartier, elle t'invite à te poser des questions : « Est-ce que je vais dans la bonne direction ? Qu'est-ce qui m'empêche d'avancer ? » C'est une phase d'analyse et de décision.

Énergie

- **Décision :** clarifie ce qui fonctionne et ce qui doit être modifié.
- **Persévérance :** continue à agir, même si des obstacles se dressent sur ton chemin.
- **Résolution :** garde confiance en toi et en ton processus.

Rituel pratique : la liste des défis

- Écris les défis ou résistances que tu rencontres en travaillant sur tes intentions.
- Pour chaque défi, écris une action simple que tu peux entreprendre pour le surmonter.
- Allume une bougie et dis : « Avec lumière et force, je surmonte ces obstacles. »

Pleine lune : la grande célébration

La pleine lune, éclatante et majestueuse, est le point culminant du cycle. C'est le moment de manifester, célébrer et exprimer de la gratitude. Elle te permet de savourer tes succès tout en éclairant ce qui demande encore ton attention.

Énergie

- **Manifestation :** tes intentions prennent forme ou atteignent leur apogée.
- **Gratitude :** reconnais les bénédictions et le chemin parcouru.
- **Émotion :** tout semble plus intense sous la pleine lune.

Rituel pratique : le cercle de gratitude

- Crée un petit cercle avec des objets symboliques : cristaux, bougies ou éléments naturels.
- Assieds-toi à l'intérieur et réfléchis à tout ce que tu as accompli ou appris depuis le début du cycle.
- Dis à voix haute ou dans ta tête : « Merci pour ce chemin, pour les leçons et les bénédictions. Je célèbre ce moment. »

Dernier quartier : faire le tri

Après l'explosion d'énergie de la pleine lune, le dernier quartier invite à ralentir et à faire le bilan. C'est une phase de tri, où tu identifies ce que tu veux garder et ce que tu es prêt·e à laisser partir.

Énergie

- **Réflexion :** analyse le cycle et les leçons apprises.
- **Simplification :** allège-toi des choses inutiles.
- **Transition :** prépare-toi pour le prochain cycle.

Rituel pratique : le carnet de tri

- Note ce qui t'a aidé·e et ce qui t'a freiné·e pendant ce cycle.
- Dresse une liste des choses ou pensées que tu veux libérer.
- Lis cette liste à voix haute, puis déchire ou brûle la page dans un récipient sûr, en disant : « Je libère ce qui ne me sert plus. »

Lune décroissante : le lâcher-prise et le repos

La lune décroissante, presque invisible, marque la fin du cycle. C'est une phase de libération et de repos, où tu fais de la place pour le renouveau. Elle te rappelle que ralentir fait aussi partie du processus.

Énergie

- **Purification :** nettoie ton esprit et ton espace.
- **Libération :** laisse partir les blocages, peurs et résistances.
- **Régénération :** recharge-toi pour le cycle suivant.

Rituel pratique : le nettoyage énergétique

- Purifie ton espace avec une fumigation douce (romarin ou lavande).
- Visualise une lumière blanche qui emporte les énergies stagnantes.
- Dis : « Je me libère et je prépare un espace pour le renouveau. »

Intégrer les phases lunaires dans son quotidien

Tu n'as pas besoin de faire un rituel élaboré à chaque phase pour te connecter à la Lune. Parfois, un simple regard vers le ciel, une méditation ou une bougie allumée suffisent pour honorer l'énergie du moment.

ASTUCE CRÉE UN CALENDRIER LUNAIRE

Note les phases de la Lune et ce qu'elles signifient dans ton agenda ou ton téléphone.
Ajoute une petite action ou un rituel à chaque phase.

Quand Kawa devient ton assistant lunaire

Si, pendant ton bain de lune, Kawa décide de bondir dans le cercle de bougies ou de renifler ton carnet d'intentions, ne désespère pas. Les chats sont des experts en alignement énergétique… même si leur style est un peu chaotique. Considère ses interventions comme des ajustements magiques imprévus.

EN RÉSUMÉ

Vivre en harmonie avec la Lune

Travailler avec les phases lunaires, c'est apprendre à surfer sur les vagues de l'Univers. Chaque phase t'offre une nouvelle opportunité d'explorer, d'agir, de célébrer et de te recentrer. Que tu sois en pleine introspection ou en train de danser sous la pleine lune, rappelle-toi que la Lune est là pour te guider, un cycle à la fois.

Rituels simples pour poser des intentions, célébrer ou libérer

La Lune, avec son charme mystique et son talent pour éclairer nos nuits, n'est pas seulement là pour décorer le ciel. Elle nous offre un calendrier naturel pour nous aligner avec ses énergies et, avouons-le, elle nous donne aussi une excellente excuse pour sortir nos bougies et nos cristaux. Travailler avec la Lune, c'est un peu comme danser avec l'Univers : nous posons nos intentions quand elle se cache, nous célébrons quand elle brille et nous lâchons prise quand elle s'efface doucement.

Et bonne nouvelle : pas besoin d'une robe de sorcière, d'un chaudron fumant ou d'une forêt enchantée pour pratiquer tes rituels lunaires. Quelques objets simples, une pincée d'intention et un soupçon d'humour (surtout si Kawa décide de s'inviter) suffisent pour faire de chaque phase un moment magique.

Nouvelle lune : poser des intentions avec style

La nouvelle lune, invisible dans le ciel, est l'équivalent cosmique d'un bouton « reset ». C'est une page blanche, une invitation à rêver en grand et à définir ce que tu veux attirer dans ta vie.

Pourquoi c'est magique ?

C'est le moment de semer des graines pour ce que tu veux voir grandir. Tout est encore possible, aucune erreur n'a encore été commise (sauf peut-être laisser Kawa marcher sur ta liste d'intentions).

Rituel pratique : le carnet des désirs

- Trouve un endroit calme, allume une bougie et mets une musique douce si tu veux.

- Prends un carnet ou une feuille et écris tout ce que tu veux manifester, comme : « Je veux plus de sérénité dans mes relations » ou « Je m'engage à boire moins de café... ou pas. »
- Relis ta liste à voix haute. Puis plie-la soigneusement et place-la sous un cristal ou un objet significatif sur ton autel.

ASTUCE

Si tu veux pousser la symbolique, utilise un stylo doré ou argenté pour écrire tes intentions. Et si Kawa bondit sur ton carnet, dis-toi que c'est une validation cosmique... ou un test de patience.

Premier croissant : nourrir ses intentions avec action

Le premier croissant, qui commence à pointer timidement dans le ciel, te souffle : « Allez, bouge-toi un peu ! » C'est la phase où tu donnes de l'énergie à tes intentions et où tu poses des actions concrètes pour les nourrir.

Pourquoi c'est magique?

C'est le moment parfait pour transformer tes rêves en réalité, un petit pas à la fois. Les énergies de croissance t'aident à garder ton élan.

Rituel pratique : la boîte à actions

- Prends un petit récipient (un bol, une boîte ou même une tasse).
- Écris sur des papiers des petites actions en lien avec tes intentions. Par exemple :
  - ranger ton espace pour attirer la clarté ;
  - envoyer ce message que tu procrastines depuis des semaines ;
  - faire un budget (oui, même ça peut être magique).
- Chaque jour, tire un papier au hasard et réalise l'action avec intention.

ASTUCE

Visualise chaque action comme une goutte d'eau nourrissant tes graines d'intention. Et si Kawa décide que ta boîte est sa nouvelle cachette, prends cela comme une bénédiction pleine de poils.

Pleine lune : la fête lunaire

Ah, la pleine lune ! Grande, lumineuse, et un peu dramatique (comme toi après trois cafés), elle est le moment de l'apogée. C'est le moment de célébrer, d'exprimer ta gratitude et de manifester avec puissance.

Pourquoi c'est magique ?

La pleine lune amplifie tout : tes succès, tes émotions, et tes cheveux qui refusent de coopérer. Elle te rappelle de prendre un moment pour savourer tes progrès.

Rituel pratique : le cercle de gratitude

- Sors sous la lumière de la lune ou installe-toi près d'une fenêtre.
- Crée un cercle avec des objets qui te parlent : cristaux, bougies, fleurs, ou même une tasse de thé.
- Prends un moment pour réfléchir à tout ce que tu as accompli ou appris. Puis dis : « Je remercie la Lune pour sa lumière et l'Univers pour ses bénédictions. »
- Si tu veux amplifier tes intentions, visualise-les baignées dans la lumière de la Lune.

ASTUCE

Si tu veux ajouter une touche festive, danse sous la Lune (ou dans ton salon). Kawa pourrait même te rejoindre pour une chorégraphie improvisée.

Lune décroissante : lâcher prise avec élégance

Quand la Lune commence à décroître, elle te murmure : « Détends-toi, libère-toi et recharge tes batteries. » C'est la phase idéale pour nettoyer, purifier et laisser partir tout ce qui ne te sert plus.

Pourquoi c'est magique?

Libérer ce qui te pèse te prépare pour le renouveau à venir. Tu peux utiliser cette phase pour te recentrer et te reposer.

Rituel pratique : la fumée de libération

- Écris sur un papier ce que tu veux laisser partir, comme des peurs, des doutes ou des mauvaises habitudes.
- Allume une herbe locale (romarin, thym ou lavande) pour une fumigation douce. Passe la fumée autour de toi et dis : « Je me libère de tout ce qui ne me sert plus. »
- Brûle (ou déchire) le papier avec l'intention de libérer ce qui y est inscrit.

ASTUCE

Si le feu te stresse (ou si Kawa est dans les parages), déchire simplement le papier et jette-le en visualisant qu'il emporte tout.

Le rituel universel : adaptable à chaque phase

Si tu veux un rituel passe-partout, essaie celui-ci :

- **Crée un espace sacré :** allume une bougie, choisis un cristal et installe-toi confortablement.
- **Connecte-toi à la Lune :** ferme les yeux et imagine sa lumière t'envelopper.

✦ **Adapte ton intention à la phase :**
- nouvelle lune : pose tes intentions ;
- premier croissant : nourris-les avec une visualisation ou une action ;
- pleine lune : célèbre et exprime ta gratitude ;
- lune décroissante : libère ce qui te pèse.

✦ **Clôture avec gratitude :** remercie la Lune et prends un moment pour ressentir l'énergie que tu viens de créer.

Et si Kawa s'invite…

Si ton chat décide de participer à tes rituels lunaires (souvent en marchant sur ton autel ou en reniflant tes bougies), vois cela comme un rappel que la magie n'a pas besoin d'être parfaite pour être puissante. Les chats ont une manière unique d'ajouter un peu de chaos, mais aussi beaucoup d'amour, à tout ce qu'ils touchent.

EN RÉSUMÉ

Des rituels lunaires accessibles et joyeux

Les phases lunaires sont une merveilleuse opportunité pour te connecter à toi-même, à l'Univers et à ta magie. Que tu poses des intentions, célèbres tes réussites ou lâches prise, l'important est d'agir avec intention… et de savourer chaque instant. Alors lève les yeux vers la Lune, prends une bougie ou une tasse de thé et laisse-toi porter par son énergie à travers les cycles.

Les saisons et la Terre

Rituels saisonniers pour les solstices et les équinoxes

Les solstices et les équinoxes sont des moments puissants pour te connecter à la Terre et à ses cycles. Ces quatre points cardinaux de l'année marquent les changements de saison et offrent une occasion idéale pour célébrer, poser des intentions et t'aligner avec les énergies changeantes de la nature.

Que tu sois novice ou expert·e en rituels, ces moments ne demandent qu'un peu d'attention, une pincée de créativité et, pourquoi pas, un soupçon d'humour (parce que rien de tel qu'un Kawa qui s'invite dans ton rituel pour détendre l'atmosphère).

Équinoxe de printemps : le renouveau

L'équinoxe de printemps, ou Ostara dans certaines traditions, marque l'égalité parfaite entre jour et nuit. C'est le moment où la lumière commence à dominer et où la nature éclate de vie. Cette période est idéale pour semer de nouvelles graines, qu'elles soient physiques ou métaphoriques.

Énergie de l'équinoxe de printemps

- **Renouveau :** l'heure est aux nouveaux départs.

- **Fertilité :** les idées germent, les projets prennent forme.
- **Équilibre :** un moment pour harmoniser tes énergies.

Rituel : le semis d'intentions

- **Prépare ton espace :** trouve un endroit calme et rassemble des graines (de fleurs, d'herbes ou de légumes), un pot et de la terre.
- **Pose tes intentions :** tiens une graine dans ta main et murmure une intention, comme : « Je plante la graine de l'abondance » ou « Je cultive ma confiance et ma créativité. »
- **Plante la graine :** enfonce-la doucement dans la terre tout en visualisant ton intention qui germe.
- **Arrose et place ton pot :** prends soin de ta graine comme tu prendrais soin de tes projets.

ASTUCE

Si tu préfères un rituel plus simple, écris ton intention sur un papier, plie-le et place-le sous une plante ou un cristal. Et si Kawa creuse dans ton pot? Considère cela comme une contribution féline.

Solstice d'été : l'apogée de la lumière

Le solstice d'été, ou Litha, célèbre le jour le plus long de l'année. C'est une période d'abondance, de gratitude et de célébration. La nature est à son apogée, et toi aussi, tu peux profiter de cette énergie vibrante pour rayonner.

Énergie du solstice d'été

- **Abondance :** savoure les fruits de tes efforts.
- **Gratitude :** remercie pour tout ce que tu as reçu.
- **Lumière :** célèbre la clarté et l'énergie solaire.

Rituel : la danse de la lumière

- **Allume une bougie dorée ou jaune :** symbole du Soleil, cette lumière te connecte à l'énergie solaire.
- **Dresse une liste de gratitude :** écris tout ce pour quoi tu es reconnaissant·e dans ce cycle. Cela peut être des accomplissements, des leçons apprises ou simplement des moments de joie.
- **Célèbre :** danse, chante ou médite en pleine conscience. Si tu es à l'extérieur, lève les bras vers le Soleil pour absorber sa chaleur et sa lumière.

ASTUCE

Prépare un repas avec des aliments de saison (comme des fruits ou des légumes frais) et partage-le avec des proches ou simplement avec toi-même en pleine gratitude. Et si Kawa s'invite à table, offre-lui une friandise pour qu'il participe à l'abondance générale.

Équinoxe d'automne : la récolte

L'équinoxe d'automne, ou Mabon, marque le moment où le jour et la nuit s'équilibrent une dernière fois avant que l'obscurité ne prenne le dessus. C'est une période de récolte, d'équilibre et de gratitude pour ce qui a été accompli.

Énergie de l'équinoxe d'automne

- **Récolte :** prends un moment pour reconnaître ce que tu as créé ou appris.
- **Transition :** prépare-toi à ralentir et à entrer dans une période plus introspective.
- **Abondance :** célèbre les fruits de ton travail, qu'ils soient tangibles ou spirituels.

Rituel : l'autel de la récolte

- **Crée un autel saisonnier :** rassemble des feuilles d'automne, des fruits, des noix ou d'autres symboles de la récolte.
- **Exprime ta gratitude :** allume une bougie et dis : « Je remercie la Terre pour ses bénédictions et reconnais mes efforts. »
- **Visualise l'équilibre :** tiens une main ouverte vers le ciel (remerciement) et l'autre vers la Terre (ancrage). Sens l'équilibre entre ce que tu donnes et ce que tu reçois.

ASTUCE

Prépare une boisson chaude (comme une tisane de saison) et savoure-la en réfléchissant à ce que tu as accompli. Kawa décide de s'installer sur ton autel? Peut-être veut-il se charger de la gratitude féline.

Solstice d'hiver : le retour de la lumière

Le solstice d'hiver, ou Yule, est le jour le plus court et la nuit la plus longue. C'est une période d'introspection, mais aussi d'espoir, car la lumière commence à revenir. C'est le moment parfait pour rêver, se recentrer et se recharger.

Énergie du solstice d'hiver

- **Introspection :** plonge en toi pour explorer tes désirs profonds.
- **Rêves :** imagine le futur et pose des intentions pour la lumière à venir.
- **Régénération :** prends soin de toi et recharge tes batteries.

Rituel : le cercle de lumière intérieure

- **Prépare une ambiance chaleureuse :** éteins les lumières, allume une bougie blanche et enveloppe-toi dans une couverture douce.

- **Réfléchis à tes souhaits :** prends un carnet et écris ce que tu veux appeler dans ta vie avec le retour de la lumière.
- **Ferme les yeux :** visualise une petite lumière dans ton cœur qui grandit doucement, comme un soleil intérieur. Ressens cette lumière t'apporter chaleur, espoir et clarté.

ASTUCE

Si tu as une cheminée ou un poêle, contemple les flammes et laisse leur chaleur te rappeler que même dans l'obscurité, la lumière persiste. Et si Kawa ronronne près de toi, c'est la cerise sur le gâteau de la régénération.

Pourquoi célébrer les saisons?

Se connecter aux solstices et équinoxes, c'est honorer les cycles naturels qui influencent ta vie. Ces moments de transition t'invitent à ralentir, à réfléchir et à te synchroniser avec l'énergie changeante de la Terre. Avec quelques gestes simples, tu peux transformer ces passages en rituels significatifs, renforçant ton lien avec la nature et ta Mundane Magick.

Alors prépare tes bougies, ton carnet, et peut-être une petite place pour Kawa, et laisse la magie des saisons t'accompagner tout au long de l'année.

Vivre en harmonie avec la nature : se connecter aux cycles naturels

La nature, avec ses saisons, ses cycles et son rythme bien à elle, est le meilleur guide pour vivre en harmonie avec soi-même et le monde qui nous entoure. Pas besoin d'être un·e druide qui médite sous les chênes millénaires pour se connecter aux cycles naturels (mais si tu veux, fais-toi plaisir). Il suffit d'un brin d'attention, une pincée de curiosité et un soupçon d'humour pour intégrer cette sagesse dans ton quotidien.

Et bonne nouvelle : se connecter aux cycles naturels ne nécessite pas de changer complètement ta vie. Il s'agit plutôt de trouver des moments pour observer, honorer et parfois célébrer ces rythmes universels. Même Kawa, avec son talent pour dormir exactement où il ne faut pas, est en harmonie avec les cycles naturels (surtout ceux des siestes).

Pourquoi se connecter aux cycles naturels?

Parce que la nature sait mieux que nous

La Terre ne se précipite pas pour faire fleurir un cerisier en plein hiver ou pour récolter du blé avant qu'il ne soit mûr. En observant ses cycles, tu peux apprendre à ralentir, à agir au bon moment et à respecter ton propre rythme.

Parce que ça fait du bien

Passer du temps dehors, sentir le vent sur ton visage ou entendre le bruit des feuilles sous tes pieds, c'est comme un bouton « reset » pour ton cerveau surchargé.

Parce que c'est magique

Chaque saison, chaque lever de soleil, chaque goutte de pluie contient une touche de Mundane Magick. En t'y connectant, tu enrichis ta pratique et ton quotidien.

Les cycles naturels : un guide pour ta vie

Le cycle des saisons

La Terre tourne, les saisons changent, et chacune apporte son lot d'énergie et de symboles. Voici comment te connecter à chaque saison :

Printemps : le renouveau

- ✦ **Énergie :** croissance, nouveaux départs, curiosité.
- ✦ **Idées :** plante quelque chose (des graines, des idées, ou ton derrière dans l'herbe pour méditer). Nettoie ton espace pour faire de la place à l'énergie nouvelle.
- ✦ **Astuce :** note dans un carnet ce que tu veux faire éclore dans ta vie, que ce soit un projet ou une nouvelle habitude.

Été : l'abondance

- ✦ **Énergie :** vitalité, célébration, action.
- ✦ **Idées :** profite de l'extérieur, organise un pique-nique magique avec des aliments de saison ou danse pieds nus sur l'herbe (Kawa pourrait même te suivre, mais c'est peu probable).
- ✦ **Astuce :** prends un moment pour célébrer tes réussites et pour te connecter à la lumière du Soleil.

Automne : la récolte

- ✦ **Énergie :** réflexion, gratitude, transition.
- ✦ **Idées :** fais une liste de ce que tu as accompli cette année, ramasse des feuilles mortes pour décorer ton espace ou prépare une soupe réconfortante.
- ✦ **Astuce :** range ton espace (et ton esprit) en triant ce dont tu n'as plus besoin.

Hiver : le repos

- ✦ **Énergie :** introspection, rêves, régénération.
- ✦ **Idées :** allume des bougies, lis un livre qui t'inspire ou prends un bain chaud avec des herbes comme la lavande.
- ✦ **Astuce :** profite de l'obscurité pour te recentrer et planifier ce que tu souhaites pour le printemps à venir.

Le cycle du jour et de la nuit

Chaque journée est un mini-cycle qui suit les mêmes étapes que les saisons.

Matin : le printemps de ta journée

Pose des intentions pour la journée. Un simple : « Aujourd'hui, je choisis la joie » peut suffire.

Si tu es du genre grognon au réveil, commence petit : un sourire au miroir, un café, et c'est déjà magique.

Après-midi : l'été de ta journée

Mets ton énergie au service de tes projets. C'est le moment idéal pour être productif·ve (ou pour procrastiner efficacement, chacun·e son rythme).

Si Kawa te regarde travailler avec un air de jugement félin, prends cela comme un encouragement silencieux.

Soirée : l'automne de ta journée

Ralentis, réfléchis à ta journée et exprime de la gratitude pour les bons moments (même si c'était juste une sieste réussie).

Écris trois choses positives dans un carnet ou fais un rituel de relaxation.

Nuit : l'hiver de ta journée
Dors ! (Oui, c'est un rituel aussi.) Visualise un espace calme et lumineux avant de t'endormir pour des rêves paisibles.

Les cycles de la nature : Lune, plantes et météo

- **La Lune** : connecte-toi aux phases lunaires en adaptant tes rituels. La nouvelle lune est idéale pour poser des intentions, et la pleine lune pour célébrer.
- **Les plantes** : observe la nature autour de toi. Les arbres, les fleurs, et même les mauvaises herbes peuvent te rappeler les cycles de croissance et de repos.
- **La météo** : même un jour de pluie peut être magique. Sers-toi d'un jour gris pour purifier ton espace ou pour t'enrouler dans une couverture et recharger tes batteries.

Rituel simple : une pause avec la nature

- **Choisis un moment** : un lever de soleil, une balade en forêt, ou simplement quelques minutes sur ton balcon.
- **Observe** : regarde autour de toi et note les signes des cycles naturels : le mouvement des feuilles, la couleur du ciel, le chant des oiseaux.
- **Exprime une intention** : murmure ou pense à une phrase simple, comme : « Je me connecte à la Terre et je m'aligne avec ses cycles. »
- **Ressens** : respire profondément et laisse-toi imprégner par l'énergie du moment.

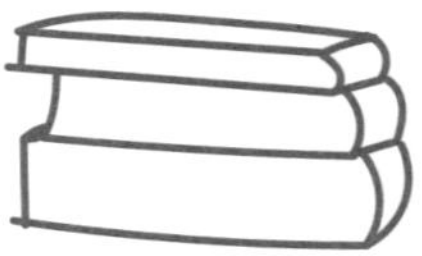

Et si Kawa s'invite…

Les chats, avec leur sagesse mystérieuse (et leur talent pour ne rien faire d'utile), sont de véritables experts en cycles naturels. S'il te rejoint pendant un rituel ou décide de s'allonger pile sur les feuilles que tu viens de ramasser, vois cela comme un rappel que se connecter à la nature peut être aussi simple que suivre son rythme.

EN RÉSUMÉ

Danser avec les cycles de la Terre

Se connecter aux cycles naturels, c'est intégrer un peu de Mundane Magick dans ta vie quotidienne. En observant les saisons, le rythme du jour et de la nuit et les signes que la nature t'envoie, tu te rappelles que tout est cyclique et que chaque phase a sa place.

Alors, que tu plantes des graines, ramasses des feuilles ou savoures simplement un rayon de soleil, prends un moment pour célébrer la magie de la nature qui t'entoure. Et si Kawa se prélasse au soleil pendant que tu médites, sache qu'il est déjà un maître zen des cycles naturels.

Les cycles du corps

Synchroniser sa pratique avec les rythmes circadiens et menstruels

Ton corps, ce petit chef-d'œuvre de la nature, est un temple sacré en connexion constante avec les cycles de l'Univers. Tout comme la Lune, le Soleil ou les saisons, il suit ses propres rythmes. Et spoiler : quand tu te synchronises avec eux, ta Mundane Magick passe au niveau supérieur.

Pas de panique, tu n'as pas besoin d'un doctorat en biologie (ou d'un diplôme en sorcellerie avancée) pour commencer. Avec un peu d'observation, un soupçon d'intuition et peut-être un clin d'œil complice à ton chat Kawa, tu peux intégrer ces rythmes dans ta pratique quotidienne.

Les rythmes circadiens : ton horloge interne

Le rythme circadien, c'est ton horloge biologique. Elle gère ton énergie, ton humeur et même ta digestion. Bref, c'est la diva invisible qui décide si tu es en mode productif ou en mode « je-ne-quitte-pas-le-canapé ».

Matin : le printemps de ta journée

Le matin, ton cortisol (l'hormone de l'énergie) est à son apogée, prêt à te propulser dans ta journée… ou du moins à t'aider à trouver le chemin de la cafetière.

Idées de pratiques

- Fais un rituel d'intention simple, comme allumer une bougie et dire : « Aujourd'hui, je choisis la clarté et l'énergie. »
- Fais une méditation rapide ou quelques étirements pour réveiller ton corps (et ton esprit).
- Note trois choses que tu veux accomplir, même si c'est juste : « 1. Boire du café. 2. Regarder Kawa dormir. 3. Rester éveillé·e. »

Après-midi : l'été de ta journée

L'après-midi, ton énergie est généralement à son maximum (sauf si tu as abusé du café du matin). C'est le moment de l'action, de la productivité et des projets concrets.

Idées de pratiques

- Fais un rituel d'ancrage : tiens un cristal (comme une tourmaline) et visualise ton énergie concentrée sur tes tâches.
- Si tu sens que ton énergie baisse, bois une tisane ou fais une pause pour marcher dehors.
- Mets en place un autel temporaire sur ton bureau avec un objet inspirant, comme un symbole de force ou une photo apaisante.

Soirée : l'automne de ta journée

Quand le soleil commence à se coucher, ton corps se prépare à ralentir. C'est l'heure du bilan, du recentrage et de la gratitude.

Idées de pratiques

- Allume une bougie ou un diffuseur d'huiles essentielles (comme la lavande) pour calmer l'énergie de la journée.
- Fais un rituel de gratitude en écrivant trois choses positives qui se sont passées, même si c'est juste : « Kawa n'a pas renversé mon café. »
- Prends un moment pour te recentrer en méditant ou en tirant une carte d'oracle.

Nuit : l'hiver de ta journée

La nuit, ton corps te supplie de dormir (même si Netflix ou TikTok essaient de te convaincre du contraire).

Idées de pratiques

- ✦ Visualise un espace calme et lumineux pendant que tu te couches. Imagine que tu recharges tes énergies pour le lendemain.
- ✦ Place un cristal apaisant (comme l'améthyste) sous ton oreiller ou sur ta table de chevet.
- ✦ Remercie ton corps pour tout ce qu'il a fait pour toi aujourd'hui, même s'il a un peu râlé au passage.

Les rythmes menstruels : la lune intérieure

Si tu as un cycle menstruel, félicitations : tu portes une mini-lune en toi ! Ton cycle suit quatre phases principales, chacune avec une énergie différente. En t'alignant sur ces phases, tu peux ajuster ta pratique magique (et tes attentes envers toi-même).

Menstruation : l'hiver intérieur

Cette phase marque le début du cycle et ton énergie est souvent au plus bas. Ton corps te demande de ralentir et de te reposer.

Énergie : introspection, purification, libération.

Idées de pratiques

- ✦ Fais un rituel de lâcher-prise : écris ce que tu veux libérer sur un papier, puis brûle-le ou déchire-le symboliquement.
- ✦ Prends un bain chaud avec des sels et des herbes apaisantes, comme la lavande ou la camomille.
- ✦ Médite doucement ou fais une visualisation de repos et de régénération.

ASTUCE

Si Kawa décide que ton tapis de yoga est son nouveau lit, prends cela comme un rappel de ralentir encore plus.

Phase folliculaire : le printemps intérieur

Après la menstruation, ton énergie commence à grimper. C'est une période idéale pour poser des intentions et explorer de nouvelles idées.

Énergie : renouveau, créativité, dynamisme.

Idées de pratiques

- Pose des intentions pour le mois à venir, allume une bougie et dis : « Je plante les graines de créativité et d'abondance. »
- Essaye une nouvelle pratique magique, comme créer un talisman ou commencer un journal de gratitude.
- Fais des rituels matinaux plus dynamiques, comme une danse ou une méditation active.

Ovulation : l'été intérieur

L'ovulation est le sommet de ton énergie (et de ta sociabilité). C'est une phase parfaite pour manifester, célébrer et connecter avec les autres.

Énergie : puissance, confiance, rayonnement.

Idées de pratiques

- Fais un rituel de manifestation sous la pleine lune : visualise ce que tu veux attirer et dis-le à voix haute.
- Organise une rencontre ou partage un repas avec des amis pour célébrer ensemble.
- Célèbre ta puissance personnelle en portant un bijou ou une couleur qui te fait sentir fort·e.

Phase lutéale : l'automne intérieur

Avant la prochaine menstruation, ton énergie commence à décliner. C'est une période idéale pour trier, organiser et préparer le terrain pour le cycle suivant.

Énergie : réflexion, ancrage, préparation.

Idées de pratiques

- Fais un rituel de purification : utilise une fumigation ou nettoie ton espace en posant une intention de clarté.
- Écris dans ton journal ce que tu as appris ou réalisé pendant ce cycle.
- Prends du temps pour toi, même si ce sont juste 10 minutes avec un thé et ton chat sur les genoux.

ASTUCE

Et si tu n'as pas de cycle menstruel?
Pas de souci! Tu peux toujours travailler avec les phases lunaires, les saisons, ou simplement ton ressenti. Chaque jour, ton corps te donne des indices sur ce dont il a besoin : énergie, repos, introspection ou action. Écoute-le, même quand il te murmure « chocolat » un peu trop souvent.

EN RÉSUMÉ

Harmoniser ta magie avec ton corps

Ton corps est un allié puissant dans ta pratique magique. En t'alignant avec ses rythmes circadiens et menstruels, tu peux optimiser ton énergie, respecter tes besoins et rendre chaque moment magique. Alors écoute les signaux qu'il t'envoie, fais des pauses quand c'est nécessaire et n'oublie pas que même Kawa, maître incontesté du repos, te donne une leçon d'harmonie naturelle chaque jour.

Le corps, un temple sacré : comment en prendre soin

Ton corps, c'est ton premier autel. Il est là pour toi 24 heures sur 24, 7 jours sur 7, te portant à travers les hauts, les bas et les siestes surprises. Pourtant, combien de fois l'oublies-tu en préférant t'occuper des autres, de ton travail, ou même de Kawa (qui, soyons honnêtes, vit déjà sa meilleure vie) ?

Prendre soin de ton corps, c'est honorer ce temple sacré où toute ta magie prend racine. Et non, cela ne signifie pas des cures de jus verts ou des marathons (sauf si ça te fait vibrer). Il s'agit de petites habitudes intentionnelles, pleines d'amour et de bienveillance, pour garder ton corps énergisé, équilibré et prêt à soutenir ta Mundane Magick.

Pourquoi prendre soin de son corps est magique ?

Parce que c'est ta base magique

Tu peux avoir les meilleurs cristaux, des bougies artisanales et un autel digne d'un magazine, si ton corps est épuisé ou négligé, ta magie risque d'être bancale.

Parce que l'énergie circule mieux dans un corps équilibré

Quand tu es en forme, tes intentions sont plus claires, ton esprit plus aiguisé, et même ton humeur s'aligne avec les étoiles (ou presque).

Parce que tu le mérites

Ton corps fait tout pour toi : il respire, digère et te soutient dans chaque instant. Prendre soin de lui, c'est un acte d'amour envers toi-même.

Les piliers du soin corporel sacré

Nourrir son corps avec intention

Manger, ce n'est pas juste remplir une assiette. C'est une chance quotidienne d'honorer ton corps en lui donnant ce dont il a besoin.

Conseils pratiques

- **Mange avec conscience :** au lieu de scroller sur ton téléphone (coupable ? moi aussi...), prends le temps de savourer chaque bouchée.
- **Ajoute une touche de magie :** bénis ton repas avec une intention, comme : « Que cette nourriture me nourrisse pleinement. »
- **Écoute ton corps :** si ton corps réclame une salade, donne-lui des légumes croquants. S'il crie « chocolat », réponds-lui avec modération (ou pas).

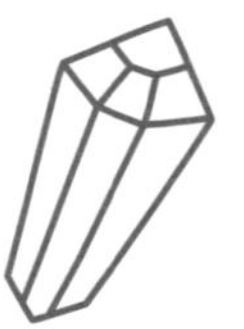

ASTUCE

Prépare une infusion spéciale pour ton corps avec des herbes comme le romarin (vitalité), la menthe (digestion) ou la camomille (apaisement). Et si Kawa essaie de boire ton thé? Offre-lui un bol d'eau et un regard plein de patience.

Bouger en harmonie avec son énergie

Le mouvement, c'est la vie. Mais pas besoin de te transformer en athlète olympique. Trouve une activité qui te plaît et qui respecte ton rythme.

Idées

- Fais une promenade en pleine conscience : observe les arbres, les nuages, et même les insectes.
- Essaie une séance de yoga ou d'étirements doux. Si tu veux rire, laisse Kawa participer – les chats adorent « corriger » tes postures.
- Danse chez toi sur ta chanson préférée, juste pour le plaisir de bouger.

ASTUCE

Avant de commencer, pose une intention, comme : « Je bouge pour libérer les tensions et accueillir l'énergie positive. »

Honorer son sommeil

Le sommeil, c'est ton super-pouvoir. Pendant que tu rêves (et que Kawa occupe la moitié de ton lit), ton corps se répare, ton esprit se clarifie et ton énergie se recharge.

Conseils pour un sommeil sacré

- **Crée un rituel du soir :** allume une bougie ou un diffuseur avec des huiles essentielles comme la lavande.
- **Déconnecte-toi :** pose ton téléphone (oui, je sais, c'est dur) au moins 30 minutes avant de dormir.
- **Visualise :** avant de t'endormir, imagine une lumière douce qui enveloppe ton corps, t'apportant calme et régénération.

ASTUCE

Si tu fais de l'insomnie, tiens un carnet à côté de ton lit pour noter tes pensées. Et si Kawa ronronne juste à côté? Considère cela comme une berceuse féline.

Prendre soin de son esprit

Ton esprit est aussi important que ton corps. Le stress, les pensées négatives ou le surmenage peuvent affecter ton énergie. Prendre soin de ton mental, c'est aussi nourrir ta magie.

Idées pour apaiser ton esprit

- Médite quelques minutes par jour, même si c'est juste pour écouter ta respiration.
- Tiens un journal pour écrire tes pensées, tes émotions ou tes rêves.
- Fais des pauses pour contempler la nature, même si c'est juste le ciel depuis ta fenêtre.

ASTUCE

Si ton esprit est trop agité, prends un cristal apaisant comme l'améthyste et tiens-le dans ta main tout en respirant profondément.

Créer des rituels de soin personnel

Prendre soin de toi peut devenir un rituel magique. Chaque geste, s'il est fait avec intention, peut renforcer ton lien avec ton corps et ton esprit.

Idées de rituels

- Prends un bain magique avec du sel, des pétales de fleurs et une intention comme : « Je me purifie et je me recharge. »
- Masse ton corps avec une huile essentielle diluée (comme la rose ou le jasmin) en disant : « Je nourris ce temple sacré avec amour. »
- Fais un gommage doux en visualisant que tu exfolies non seulement ta peau, mais aussi les énergies stagnantes.

ASTUCE

Laisse Kawa superviser (à distance) et considère ses regards sceptiques comme un test d'engagement envers toi-même.

Les petits gestes magiques au quotidien

- Bois de l'eau avec une intention. Visualise qu'elle purifie ton corps et recharge ton énergie.
- Fais une pause au soleil pour absorber un peu de sa chaleur et de sa lumière.
- Lorsque tu te regardes dans le miroir, dis une affirmation positive, comme : « Je suis un être unique et puissant. »

Et si Kawa t'inspire…

Observe Kawa : il dort quand il est fatigué, mange quand il a faim et ne fait jamais rien qu'il ne veut pas faire. Si cela n'est pas vivre en harmonie avec son temple sacré, alors je ne sais pas ce que c'est. Prends exemple sur lui (sauf pour gratter les meubles, bien sûr).

EN RÉSUMÉ

Un corps aimé, une magie amplifiée

Prendre soin de ton corps, c'est honorer le temple où réside ta magie. Pas besoin de transformations spectaculaires : quelques gestes simples, faits avec amour et intention, suffisent pour renforcer ton énergie et ton bien-être. Alors écoute ton corps, chouchoute-le et rappelle-toi qu'un corps heureux est le meilleur allié pour ta Mundane Magick.

Et si Kawa vient se blottir contre toi après ton rituel de soin ? Voilà une preuve supplémentaire que tu rayonnes d'amour et de sérénité.

PARTIE V

Techniques de guérison et de transformation

Dans cette partie, nous plongeons dans des pratiques simples mais puissantes pour apaiser l'esprit, nourrir le corps et libérer les tensions accumulées. Que ce soit par la respiration, le mouvement ou l'écriture, tu découvriras comment transformer ton énergie et cultiver un quotidien plus serein.

Respiration et relaxation

Respiration magique pour calmer l'esprit et libérer les tensions

La respiration est la baguette magique que tu portes toujours sur toi, même si tu l'oublies parfois. C'est l'outil le plus simple et le plus puissant pour calmer ton esprit, relâcher les tensions et reconnecter avec l'instant présent. En quelques respirations intentionnelles, tu peux transformer une journée stressante en un moment apaisant.

Pas besoin d'un équipement sophistiqué, ni de devenir un·e yogi expert·e pour profiter des bienfaits de la respiration magique. Quelques minutes et une pincée d'intention suffisent pour créer un petit miracle dans ton quotidien. Et si Kawa s'installe sur ton tapis pendant que tu respires, prends cela comme une validation cosmique féline.

Pourquoi la respiration est-elle magique?

- **Elle est toujours avec toi :** tu respires déjà (bonne nouvelle), alors autant l'utiliser à ton avantage.
- **Elle agit sur ton énergie :** une respiration calme peut apaiser un esprit agité, tandis qu'une respiration profonde peut relancer ton énergie.
- **Elle te recentre :** en te concentrant sur ta respiration, tu te reconnectes à l'instant présent, là où toute magie opère.

Techniques de respiration magique

La respiration de l'ancrage

Cette technique te permet de te calmer et de te sentir enraciné·e, même dans les moments de chaos (comme quand Kawa renverse ta tasse de thé magique).

Comment faire ?

- Assieds-toi confortablement, pieds à plat sur le sol.
- Ferme les yeux et imagine des racines poussant de tes pieds dans la Terre.
- Inspire lentement en comptant jusqu'à 4.
- Retiens ton souffle pour un compte de 2.
- Expire doucement en comptant jusqu'à 6.
- Répète 5 à 10 fois, ou jusqu'à ce que tu sentes ton esprit s'apaiser.

ASTUCE

Pendant que tu expires, imagine que tu relâches les tensions et les pensées négatives, comme si elles descendaient dans la Terre pour être recyclées en énergie positive.

La respiration lumineuse

Idéale pour te reconnecter à une énergie apaisante et réconfortante, cette technique utilise ta visualisation pour amplifier les effets de ta respiration.

Comment faire ?

- Assieds-toi ou allonge-toi dans un endroit calme.
- Ferme les yeux et imagine une lumière douce et chaude (dorée, blanche ou de la couleur que tu préfères).
- Inspire lentement en visualisant cette lumière qui entre par ton nez et remplit ton corps.

- ✦ Expire en imaginant que cette lumière chasse les tensions et les pensées sombres.
- ✦ Répète pendant 5 minutes, ou aussi longtemps que tu en ressens le besoin.

ASTUCE

Si tu veux ajouter une dimension sacrée, place une main sur ton cœur et une autre sur ton ventre pendant l'exercice. Cela amplifie la sensation d'harmonie.

La respiration en carré (ou « *box breathing* »)

Utilisée par les experts en relaxation (et même les Navy SEALs), cette technique est parfaite pour calmer un esprit agité et retrouver ton équilibre.

Comment faire ?

- ✦ Inspire lentement en comptant jusqu'à 4.
- ✦ Retiens ta respiration en comptant jusqu'à 4.
- ✦ Expire lentement en comptant jusqu'à 4.
- ✦ Retiens encore en comptant jusqu'à 4.
- ✦ Répète pendant 4 à 5 cycles (ou plus si tu te sens bien).

ASTUCE

Imagine un carré lumineux qui se dessine avec chaque étape : inspire pour dessiner un côté, retiens pour le suivant, et ainsi de suite. Cela t'aide à rester concentré·e.

Quand pratiquer la respiration magique

- ✦ **Le matin :** pour te préparer à une journée harmonieuse.
- ✦ **En pleine journée :** quand le stress monte ou que tu sens ton énergie baisser.

- **Le soir :** pour te détendre avant de dormir ou pour clore une journée intense.
- **En pleine crise :** si tu es submergé·e par une émotion, la respiration est une ancre qui te ramène au calme.

Et si Kawa participe...

Les chats, ces experts en relaxation, pourraient bien décider que ta session de respiration est le moment parfait pour venir se blottir contre toi. Accepte cette « interruption » comme un signe que tu es sur la bonne voie : après tout, qui mieux qu'un chat peut t'enseigner l'art du calme et de la présence?

EN RÉSUMÉ

La respiration, ton super-pouvoir

La respiration magique est une pratique simple mais incroyablement puissante pour calmer ton esprit, libérer les tensions et retrouver ton équilibre. Avec un peu de pratique, elle deviendra ton outil préféré pour naviguer dans les hauts et les bas de la vie. Alors inspire profondément, expire avec intention et laisse la magie opérer.

Et rappelle-toi, même Kawa sait que la meilleure magie commence par un souffle calme et apaisé.

Se recentrer et s'ancrer, ou l'art de créer des moments magiques

La vie peut parfois ressembler à un tourbillon – entre les deadlines, les imprévus et, soyons honnêtes, Kawa qui décide que ton tapis est sa nouvelle griffeuse. Dans ce chaos, se recentrer et s'ancrer, c'est un peu comme appuyer sur « pause » et respirer profondément.

Prendre un moment pour toi, c'est bien plus qu'un luxe : c'est une nécessité. La bonne nouvelle ? Tu n'as pas besoin d'un spa ou d'un voyage en pleine nature pour y parvenir. Avec quelques astuces simples (et une pincée de Mundane Magick), tu peux créer ces instants de calme et de connexion, où que tu sois.

Pourquoi s'ancrer est-il essentiel ?

Pour ne pas flotter comme un ballon de baudruche

Être ancré·e, c'est être connecté·e à la Terre et à toi-même, même quand la vie essaie de te tirer dans toutes les directions.

Pour retrouver ton équilibre

Un esprit calme et un corps enraciné, c'est la recette parfaite pour naviguer dans le tumulte avec grâce (ou du moins avec moins de panique).

Pour vivre dans l'instant présent

S'ancrer, c'est savourer chaque moment, que ce soit une tasse de thé ou le doux ronronnement de Kawa.

Des pratiques pour se recentrer et s'ancrer

L'exercice de l'arbre

Parce que parfois, être solide comme un chêne, c'est tout ce dont on a besoin.

Comment faire ?

- Trouve un endroit où tu peux te tenir debout (ou assis·e, si Kawa a monopolisé ton espace).
- Imagine que tes pieds s'enfoncent doucement dans le sol, comme des racines qui se connectent à la Terre.
- Inspire profondément et visualise de l'énergie remontant de la Terre jusqu'à ton corps.
- Expire et imagine cette énergie te stabilisant, te rendant fort·e et centré·e.
- Reste dans cette visualisation pendant quelques minutes, jusqu'à ce que tu sentes le calme t'envahir.

ASTUCE

Si tu veux intensifier l'exercice, tiens un cristal d'ancrage comme l'hématite ou la tourmaline noire pendant que tu pratiques.

La pause des cinq sens

Un rituel parfait pour te ramener dans l'instant présent, même si ton esprit part dans tous les sens.

Comment faire ?

- **Regarde autour de toi :** identifie cinq choses que tu peux voir.
- **Écoute :** trouve quatre sons distincts (oui, le ronronnement de Kawa compte).
- **Touche :** ressens trois textures ou objets près de toi.

- **Sens :** note deux odeurs, même subtiles (comme ton thé ou l'air frais).
- **Goûte :** si possible, prends une gorgée de quelque chose ou remarque le goût dans ta bouche.

ASTUCE

Ce simple exercice ancre tes pensées dans le présent et te permet de te reconnecter à ton environnement. C'est comme une méditation éclair, sans chichis.

La boîte d'ancrage magique

Crée un kit spécial pour les moments où tu te sens dispersé·e.

Comment faire ?

- Prends une petite boîte ou un sac.
- Remplis-la d'objets qui te font te sentir bien et ancré·e : un cristal, une photo, une petite bougie ou même une friandise (chocolat magique, pourquoi pas ?).
- Quand tu sens que tout part dans tous les sens, ouvre ta boîte, tiens ces objets dans tes mains et prends un moment pour respirer.

ASTUCE

Ajoute un papier avec une affirmation comme : « Je suis solide et ancré·e, comme un roc dans la tempête. »

La méditation des pieds sur Terre

Une pratique simple qui peut être faite n'importe où et n'importe quand, même en plein milieu d'une journée chargée.

Comment faire ?

- Assieds-toi ou tiens-toi debout, pieds à plat sur le sol.
- Ferme les yeux et respire profondément.
- Imagine que le sol sous toi est une vaste étendue d'énergie nourrissante.
- Visualise cette énergie qui monte doucement à travers tes pieds et remplit tout ton corps.
- Laisse cette énergie te calmer et te centrer.

ASTUCE

Si tu es à l'extérieur, fais cette méditation pieds nus sur l'herbe ou le sable pour une connexion directe avec la Terre.

Quand pratiquer ces moments magiques ?

- **Le matin :** pour commencer ta journée avec clarté et stabilité.
- **Pendant une pause :** si tu te sens stressé·e ou dispersé·e, prends 5 minutes pour te recentrer.
- **Le soir :** pour clore ta journée et relâcher les tensions accumulées.
- **En pleine crise :** si tu te sens submergé·e, un exercice d'ancrage peut être ton sauveur immédiat.

Et si Kawa décide de s'inviter?

Disons-le, les chats ont une connexion innée avec la Terre (même quand ils grattent la litière avec une intensité suspecte). Si Kawa vient se blottir contre toi pendant un exercice d'ancrage, considère cela comme un cadeau. Les chats absorbent souvent nos tensions et nous aident à nous recentrer, même si c'est par inadvertance.

EN RÉSUMÉ

Créer des moments magiques pour toi

Se recentrer et s'ancrer, c'est offrir à son esprit et à son corps un moment de pause et de connexion. Que ce soit en visualisant des racines, en utilisant tes sens ou en savourant une tasse de thé en pleine conscience, ces petits gestes te permettent de retrouver ton équilibre.

Alors respire, ancre-toi et rappelle-toi : chaque moment que tu prends pour toi est un acte magique en soi. Et si Kawa t'accompagne, tu as un assistant spirituel de choix pour transformer ces instants en véritables rituels sacrés.

Le corps comme source de magie

Les rituels corporels : chouchouter son temple sacré

Ton corps, ce merveilleux vaisseau qui te permet d'explorer, de créer et de ressentir, mérite toute l'attention que tu peux lui donner. Oui, même quand tu râles parce qu'il te rappelle que tu as abusé du chocolat ou de la chaise de bureau. Prendre soin de lui, c'est comme polir un joyau : chaque geste amplifie ta lumière intérieure et renforce ton énergie magique.

Les rituels corporels transforment des gestes ordinaires en moments sacrés. Que ce soit sous la douche, devant le miroir ou dans la baignoire (si Kawa ne s'est pas déjà approprié la salle de bains), tu peux infuser ces instants de magie et de gratitude pour ce temple sacré qu'est ton corps.

Pourquoi les rituels corporels sont-ils essentiels ?

Honorer son premier autel

Ton corps est la maison de ton esprit et de ton énergie. En prenant soin de lui, tu renforces ton lien avec toi-même et avec le monde qui t'entoure.

Libérer les tensions

Le stress, les blocages énergétiques ou même un mauvais sommeil peuvent s'accumuler dans ton corps. Les rituels corporels agissent comme un « reset » pour relâcher tout ça.

Amplifier son énergie magique

Quand ton corps se sent bien, ton énergie circule mieux. Résultat : tes intentions, tes rituels et même ton humeur s'en trouvent décuplés.

Les rituels corporels en détail

Le bain magique : plonger dans l'énergie purificatrice

Un bain magique, c'est bien plus qu'une séance détente avec des bulles. C'est un acte de purification énergétique et un moment pour recharger tes batteries.

Comment le pratiquer ?

- **Crée une ambiance magique :** éteins les lumières, allume des bougies et diffuse une musique relaxante ou des sons de nature.
- **Ajoute des éléments sacrés à l'eau :**
  - sels de bain : pour purifier ;
  - herbes ou fleurs : lavande pour l'apaisement, pétales de rose pour l'amour de soi ou romarin pour l'énergie ;
  - huiles essentielles : quelques gouttes suffisent pour éveiller les sens.
- **Pose une intention :** avant d'entrer dans l'eau, ferme les yeux et dis : « Je libère ce qui me pèse et accueille une énergie nouvelle. »
- **Relaxation consciente :** plonge dans l'eau et imagine qu'elle nettoie non seulement ton corps, mais aussi ton esprit. Ressens chaque goutte qui dissout les tensions.
- **Clos le rituel :** en te séchant, visualise une lumière douce qui enveloppe ton corps et scelle ton énergie.

ASTUCE

Si tu n'as pas de baignoire, transforme ta douche en cascade magique en visualisant l'eau qui emporte tout ce qui ne te sert plus.

Le massage rituel : l'art du toucher intentionnel

Un massage intentionnel ne nécessite pas d'être un·e expert·e. Avec un peu d'huile et beaucoup d'intention, tu peux transformer ce geste en un véritable acte de soin et de libération.

Comment le pratiquer ?

- ✦ **Choisis ton huile magique :** amande douce ou coco comme base.
- ✦ **Ajoute des gouttes d'huiles essentielles selon ton intention :** lavande pour apaiser, orange pour dynamiser, géranium pour équilibrer.
- ✦ **Pose ton intention :** avant de commencer, tiens l'huile dans tes mains et dis : « Par ce toucher, je libère les tensions et invite la sérénité. »
- ✦ **Commence le massage :**
  - masse doucement tes pieds pour t'ancrer, remonte lentement vers les jambes, les bras et le haut du corps ;
  - visualise une lumière douce se diffusant à chaque geste.

ASTUCE

Si tu te sens tendu·e dans une zone spécifique (comme les épaules ou la nuque), restes-y quelques instants en respirant profondément. Imagine que la tension se dissout sous tes doigts.

Le gommage purificateur : exfolier les énergies stagnantes

Un gommage corporel, c'est l'occasion parfaite pour symboliser le lâcher-prise en éliminant tout ce qui est « vieux » pour faire place au neuf.

Comment le pratiquer ?

- **Prépare ton mélange :** du sucre ou du sel comme base exfoliante ; une huile (coco, olive ou amande douce) ; quelques gouttes d'huile essentielle (citron pour la clarté, patchouli pour l'ancrage).
- **Fixe une intention :** tiens le gommage entre tes mains et dis : « Je libère l'ancien et accueille le renouveau. »
- **Applique avec amour :** masse doucement en mouvements circulaires, en te concentrant sur chaque partie de ton corps. Imagine que tu exfolies les énergies stagnantes avec chaque geste.
- **Rince avec conscience :** laisse l'eau emporter les grains (et tout ce qui te pèse).

Le masque énergétique : se revitaliser

Les masques, qu'ils soient pour le visage ou pour le corps, sont parfaits pour te reconnecter à toi-même tout en nourrissant ta peau et ton énergie.

Comment le pratiquer ?

- **Choisis ton masque :** argile verte pour purifier ; miel pour nourrir ; yaourt et curcuma pour illuminer.
- **Pose une intention :** en appliquant le masque, dis : « Je nourris mon corps et mon esprit avec douceur et lumière. »
- **Médite pendant la pose :** pendant que le masque agit, prends un moment pour respirer profondément ou méditer.
- **Rince en douceur :** enlève le masque tout en visualisant que tu révèles une version renouvelée et lumineuse de toi-même.

Les petits rituels du quotidien

Pas le temps pour un long bain ou un massage complet ? Voici des idées rapides mais efficaces :

- **Lavage des mains magique :** pendant que tu te laves les mains, visualise que l'eau emporte non seulement la saleté, mais aussi les énergies négatives.
- **Hydratation consciente :** en appliquant ta crème pour le corps, visualise qu'elle scelle une lumière protectrice sur ta peau.
- **Bain de pieds :** trempe tes pieds dans de l'eau tiède avec du sel et une intention d'ancrage.

Quand Kawa s'en mêle…

Il est fort probable que Kawa décide que tes rituels corporels sont fascinants, surtout si des huiles ou des fleurs entrent en jeu. Laisse-le observer (mais garde les huiles essentielles hors de sa portée) et considère ses pattes curieuses comme une validation cosmique de tes soins.

EN RÉSUMÉ

Ton corps, ta magie

Les rituels corporels sont bien plus qu'un moment de détente : ils sont une manière de t'honorer, de te reconnecter à ton énergie et de libérer tout ce qui t'alourdit. Que tu plonges dans un bain magique, te masses avec intention ou exfolies tes énergies stagnantes, chaque geste devient une célébration de toi-même.

Alors allume une bougie, sors tes sels et prépare-toi à transformer ta routine en une expérience magique. Et n'oublie pas : même Kawa, expert en relaxation, approuve cette approche (tant qu'il reste au sec).

Libérer son énergie : le toucher intentionnel et la danse

As-tu déjà ressenti ces jours où ton énergie semble coincée, comme si ton corps était devenu un sac de nœuds ? C'est là que le toucher intentionnel et la danse interviennent. Ces pratiques simples mais puissantes te permettent de libérer les tensions, d'aligner ton esprit avec ton corps et de faire circuler l'énergie qui stagne.

Pas besoin d'être un·e expert·e en danse ou un·e pro du massage pour en tirer des bénéfices. Avec quelques gestes simples, de la musique (et peut-être un chat curieux comme Kawa qui te regarde d'un air sceptique), tu peux transformer ton espace en un sanctuaire de mouvement et de soin. Alors prépare-toi à plonger dans le plaisir de bouger et de te reconnecter à toi-même !

Pourquoi le toucher et la danse sont-ils essentiels ?

Reconnaître son corps comme un allié magique

Ton corps est ton premier outil pour explorer, ressentir et manifester ta magie. Lui accorder de l'attention, c'est nourrir ce lien essentiel entre toi et l'Univers.

Libérer ce qui est coincé

Stress, fatigue, émotions refoulées..., tout cela s'accumule dans ton corps, créant des blocages énergétiques. Le toucher intentionnel et la danse aident à déloger ces tensions et à restaurer le flux naturel de ton énergie.

Créer un espace de joie et de liberté

La danse, surtout lorsqu'elle est libre et spontanée, est une célébration de toi-même. C'est un moment pour t'exprimer sans jugement, pour te reconnecter à ton enfant intérieur et pour sentir cette énergie vibrante qui te traverse.

Le toucher intentionnel : un dialogue silencieux avec son corps

Le toucher intentionnel, c'est bien plus qu'un simple geste. C'est un rituel qui te permet d'écouter ton corps, de l'honorer et de relâcher ce qui l'alourdit.

Préparer son espace sacré

- Trouve un endroit calme où tu ne seras pas dérangé·e.
- Allume une bougie ou diffuse une huile essentielle pour créer une ambiance apaisante (lavande pour la relaxation, citron pour l'énergie ou rose pour l'amour de soi).
- Si possible, mets une musique douce pour t'accompagner.

Choisir son huile magique

Les huiles ajoutent une dimension sensorielle et magique à ton toucher. Voici quelques idées :

- **amande douce ou jojoba** : idéal pour la peau, c'est une base parfaite pour ajouter des huiles essentielles ;
- **huiles essentielles selon ton intention** : lavande pour calmer, menthe poivrée pour stimuler, géranium pour équilibrer.

Le rituel de toucher intentionnel

- **Commence par tes pieds** : masse-les doucement, en visualisant que tu t'enracines profondément dans la Terre. Imagine des racines qui poussent à partir de tes pieds et qui absorbent une énergie nourrissante.
- **Remonte vers tes jambes** : utilise des mouvements lents et circulaires pour stimuler la circulation et relâcher les tensions.
- **Passe à tes bras et tes mains** : concentre-toi sur les zones tendues, comme les épaules ou les coudes. Visualise la lumière qui se diffuse à chaque pression.
- **Termine par le visage** : masse doucement tes tempes, ton front et ta mâchoire. Imagine que chaque tension disparaît sous tes doigts.

ASTUCE MAGIQUE : LE POUVOIR DES AFFIRMATIONS

Pendant que tu te masses, dis des affirmations à voix haute ou dans ta tête, comme : « Je libère tout ce qui ne me sert plus » ou « Mon corps est fort, ancré et vibrant. » Bonus : si Kawa décide que ton dos a besoin d'être « pétri » à sa manière, accepte sa contribution comme une bénédiction féline (même si ses griffes n'étaient pas prévues dans le programme).

La danse libre : laisse ton énergie s'exprimer

La danse est une manière joyeuse et puissante de libérer ton énergie. Pas besoin d'avoir le sens du rythme ou d'être en tenue de gala (danser en pyjama a son charme). L'idée est de bouger avec intention et de laisser ton corps s'exprimer librement.

Préparer son espace

- Pousse les meubles pour créer un espace sécurisé.
- Allume une lumière douce ou danse à la lumière naturelle.
- Choisis une playlist qui correspond à ton humeur : énergisante, apaisante ou carrément déjantée.

Poser une intention avant de commencer

Avant de bouger, prends un moment pour définir ton objectif :

- « Je libère les tensions accumulées. »
- « Je célèbre mon corps et mon énergie. »
- « Je laisse mon cœur guider mes mouvements. »

Laisser son corps prendre le relais

- Commence par un mouvement doux : un balancement des hanches, un tapotement des pieds.
- Laisse le mouvement grandir : tourne, saute, étire-toi ou invente des gestes improvisés.
- Relâche les tensions : imagine que chaque mouvement expulse les émotions stagnantes et fait circuler une énergie renouvelée.

ASTUCE

Visualise une lumière dorée ou argentée qui t'entoure pendant que tu danses. Imagine qu'elle s'amplifie à chaque mouvement, remplissant ton espace d'une énergie vibrante et joyeuse.

Combiner toucher et danse pour une expérience complète

Pourquoi choisir quand tu peux tout avoir ? Voici comment créer un rituel qui combine le meilleur des deux mondes :

- **Commence par un toucher intentionnel :** masse doucement tes pieds et tes jambes pour te connecter à ton corps et t'ancrer.
- **Passe à la danse :** laisse la musique te porter et bouge librement. Chaque geste peut être une libération ou une célébration.
- **Termine avec une respiration profonde :** reste immobile quelques instants pour intégrer cette nouvelle énergie dans ton corps.

Quand pratiquer ces rituels ?

- **Le matin :** pour commencer ta journée avec une énergie renouvelée.
- **Pendant une pause :** si tu te sens stressé·e ou fatigué·e, quelques mouvements ou un massage rapide peuvent faire des merveilles.
- **Le soir :** pour relâcher les tensions de la journée et retrouver un équilibre avant de dormir.
- **En cas de surcharge émotionnelle :** si tu es submergé·e par des émotions, bouger ou te masser peut t'aider à les transformer.

Et si Kawa décide de participer?

Les chats adorent s'impliquer dans ce qui attire leur attention (surtout si ça n'a rien à voir avec eux). S'il te regarde d'un air intrigué pendant que tu danses ou se couche sur ton tapis pendant ton massage, laisse-le faire. Peut-être qu'il absorbe une partie de tes tensions ou qu'il t'encourage à continuer.

EN RÉSUMÉ

Libère ton énergie, embrasse ta magie

Le toucher intentionnel et la danse sont des outils simples mais incroyablement efficaces pour libérer ton énergie, te recentrer et célébrer ton corps. Que ce soit avec des gestes doux ou des mouvements exaltés, ces pratiques te reconnectent à toi-même et te rappellent que la magie commence toujours en toi.

Alors sors ton huile, monte le son et laisse ton énergie s'exprimer. Et si Kawa s'invite pour une séance d'observation féline? Encore mieux : la magie est toujours plus belle quand elle est partagée.

L'écriture magique

Transformer les énergies négatives avec un journal de libération

Il y a des jours où tout va de travers, comme si le cosmos s'était ligué contre toi. La tasse de café qui se renverse, une remarque maladroite qui tourne en boucle dans ta tête, ou encore Kawa qui décide que le coin le plus important de ton carnet est l'endroit idéal pour faire ses griffes. Ces jours-là, les énergies négatives semblent s'accumuler comme des nuages orageux.

La bonne nouvelle? Tu as une solution magique à portée de main : ton journal de libération. Ce n'est pas juste un carnet, mais un refuge où déposer tes pensées, un espace sûr pour te libérer de ce qui t'alourdit et une manière puissante de transformer le chaos intérieur en clarté et en apaisement.

Pourquoi un journal de libération est-il essentiel?

C'est une soupape émotionnelle

Quand ton esprit déborde, écrire est une manière de faire de la place. En posant tes pensées sur le papier, tu évites qu'elles ne s'enroulent en spirales interminables.

C'est une alchimie personnelle

Les mots ne sont pas seulement des mots : ce sont des énergies que tu déplaces. Lorsque tu les écris, tu crées un flux, une dynamique de transformation qui aide à transmuter les émotions négatives en sagesse ou en sérénité.

C'est un outil de clarification

Parfois, on ne sait même plus pourquoi on est frustré·e ou triste. Écrire aide à démêler ces émotions et à identifier ce qui se cache derrière.

C'est un moment sacré pour toi

Entre les obligations et les distractions (et les caprices félins), prendre un moment pour écrire, c'est te donner un espace rien qu'à toi, un moment de recentrage et de soin.

Comment transformer ses énergies avec son journal?

Préparer son espace magique

Avant de commencer, crée un environnement qui invite à l'écriture et à la libération.

- ✦ Trouve un endroit calme où tu ne seras pas interrompu·e.
- ✦ Allume une bougie ou diffuse une huile essentielle (la lavande pour apaiser, l'eucalyptus pour clarifier l'esprit).
- ✦ Mets une musique douce ou laisse le silence t'accompagner.

Et si Kawa rôde, prépare-lui un coussin spécial à proximité pour qu'il observe à distance respectueuse (on peut rêver).

Fixer son intention

Avant d'écrire, pose une intention pour guider ton flux. Cela pourrait être :

- ✦ « Je libère ce qui me pèse et je fais de la place pour la clarté. »
- ✦ « J'écris pour transformer mes émotions en lumière. »

- « Je dépose ici tout ce que je ne veux plus porter. »

Tout lâcher sur le papier

Pas besoin de structure ou de style littéraire. Écris comme si tu parlais à un·e ami·e proche ou simplement à toi-même.

- Décris ce que tu ressens : « Je me sens frustré·e, et voilà pourquoi… »
- Explore ce qui t'agace : « Cette situation me pèse parce que… »
- Laisse les mots couler, même s'ils semblent répétitifs ou incohérents.

Utiliser des techniques de libération avancées

La liste de libération

Dresse une liste de tout ce qui te pèse, qu'il s'agisse d'une situation, d'une pensée ou d'une émotion. Par exemple :

- « Le bruit constant dans mon immeuble. »
- « Mon anxiété sur ce projet au travail. »
- « Kawa qui décide de renverser ma pile de livres. »

La lettre sans envoi

Écris une lettre à une personne, une situation, ou même à toi-même. Explique ce que tu ressens, ce que tu voudrais dire ou changer. Cette lettre n'a pas besoin d'être envoyée ; elle est là pour toi.

Le flot de conscience

Mets un minuteur de 5 à 10 minutes et écris sans t'arrêter. Peu importe si c'est confus, l'important est de tout laisser sortir.

Visualiser la transformation

Pendant que tu écris, imagine que chaque mot est une énergie qui quitte ton esprit. Visualise qu'elle se transforme en lumière, en poussière d'étoiles, ou qu'elle s'évanouit doucement dans l'Univers.

Que faire après avoir écrit ?

Une fois que tu as terminé, prends un moment pour réfléchir ou pour clore ce rituel de manière intentionnelle.

Conserver ses écrits

Si tu veux garder une trace, range ton carnet dans un endroit spécial. Cela peut devenir un outil d'évolution pour voir comment tu progresses avec le temps.

Transformer ses écrits en rituel de libération

- ✦ Brûle ce que tu as écrit dans un bol résistant au feu, en disant : « Je libère ces pensées et les rends à l'Univers pour les transformer. »
- ✦ Déchire la page en petits morceaux et jette-les au vent ou enterre-les.
- ✦ Plie la page et range-la sous une pierre ou un cristal pour sceller l'énergie.

Établir un pont vers le positif

Après avoir libéré, termine par une affirmation ou une intention positive, comme :

- ✦ « Je suis serein·e et libre. »
- ✦ « Je fais de la place pour la lumière et l'énergie positive. »

Quand utiliser son journal de libération ?

- ✦ **Après une journée difficile :** pour vider ton esprit et relâcher les tensions.
- ✦ **Quand une émotion te submerge :** pour exprimer ce que tu ressens et te libérer.
- ✦ **Quand tu es confus·e :** pour clarifier tes pensées et comprendre ce qui se passe.

- **Régulièrement :** faire de l'écriture une habitude peut être un excellent moyen de maintenir ton équilibre.

Exemple pratique : une journée chaotique

Disons que ta journée a été un mélange de frustrations et d'imprévus. Voici comment utiliser ton journal :

- **Écris ce qui s'est passé :** « Dès le matin, tout est parti de travers. Le café a débordé, Kawa a miaulé pour rien et cette réunion interminable m'a achevé·e. »
- **Explore tes émotions :** « Je suis frustré·e parce que je n'ai pas eu une minute pour moi. »
- **Ajoute une intention :** « Je libère cette colère et je fais de la place pour la sérénité. »
- **Transforme :** déchire ou brûle ce que tu as écrit en visualisant que ces énergies se dissipent.

Et si Kawa s'invite dans le rituel?

Il est probable que Kawa trouve ce que tu fais fascinant et décide de s'asseoir sur ton carnet ou d'interrompre ta concentration par un regard perçant. Vois cela comme un rappel que même dans les moments sérieux, une touche d'humour et de légèreté est la bienvenue.

EN RÉSUMÉ

Le pouvoir libérateur de l'écriture

Le journal de libération est un outil simple mais incroyablement puissant pour transformer les énergies négatives en clarté et en sérénité. En posant tes pensées sur le papier, tu crées un espace pour respirer, réfléchir et t'élever.

Alors prends ton carnet, installe-toi et laisse les mots couler. Libère-toi avec intention, humour, et peut-être un peu d'inspiration féline si Kawa décide de participer. Parce qu'après tout, même une journée chaotique peut devenir une leçon, et chaque mot écrit est un pas vers la paix intérieure.

Rééquilibrer son énergie : lettres de libération et d'affirmations positives

Ton énergie, c'est un peu comme la batterie de ton téléphone portable : parfois, elle est pleine, lumineuse et débordante de vitalité, et parfois, elle clignote désespérément en rouge, te suppliant d'être rechargée. Les lettres de libération et les affirmations positives sont tes « câbles de recharge magique ». Elles te permettent de libérer tout ce qui consomme inutilement ton énergie – stress, pensées négatives, émotions refoulées – et de faire de la place pour de belles énergies neuves et vibrantes.

Pas besoin d'être écrivain·e, ni même particulièrement inspiré·e. Ces outils sont là pour toi, dans toute leur simplicité, prêts à transformer ton quotidien en un espace plus équilibré, lumineux et serein. Alors attrape un carnet (et peut-être un café… ou un Kawa) et plonge dans l'art de rééquilibrer ton énergie.

Pourquoi ces pratiques sont-elles magiques ?

Un moyen puissant d'exprimer ce que l'on ressent

Les lettres de libération te donnent un espace privé et sûr pour vider ton sac. Pas de peur de blesser quelqu'un, pas de regard critique – juste toi et tes pensées. Elles te permettent de formuler ce que tu ressens, même quand tout semble confus ou écrasant.

Une alchimie personnelle

Les mots que tu écris ne sont pas juste des mots. Ils sont une énergie que tu fais circuler, une manière de transformer ce qui est lourd ou négatif en une opportunité de croissance. Les affirmations positives, quant à elles, agissent comme une douce musique qui reprogramme ton esprit et te reconnecte à ta lumière intérieure.

Une clé pour retrouver son équilibre

Quand tu écris et que tu affirmes, tu réalignes ton esprit avec ton cœur et ton corps. C'est une invitation à revenir à toi-même, à calmer les tempêtes intérieures et à cultiver la paix.

Les lettres de libération : exprimer et relâcher

Qu'est-ce qu'une lettre de libération ?

C'est une lettre que tu écris pour exprimer ce qui te pèse, que ce soit à une personne, à une situation ou même à toi-même. L'objectif ? Te libérer de tout ce que tu portes inutilement. Et, non, tu n'as pas besoin de l'envoyer ; parfois, le simple fait de poser des mots sur tes émotions suffit à alléger ton esprit.

Comment écrire une lettre de libération ?

Prépare ton espace sacré

Un rituel de libération commence toujours par la création d'un environnement qui invite à la détente et à l'introspection :

- trouve un endroit calme où tu te sens en sécurité ;
- allume une bougie ou diffuse une huile essentielle (lavande pour apaiser, eucalyptus pour clarifier).

Et si Kawa est là, assure-toi qu'il est confortablement installé pour qu'il ne transforme pas ton carnet en nouveau jouet.

Fixe une intention

Avant d'écrire, prends un moment pour poser une intention. Par exemple :

- « Je libère cette douleur pour retrouver ma paix intérieure. »
- « J'écris pour transformer ma frustration en clarté. »

Écris sans filtre

Voici quelques pistes pour te lancer :

- décris ce que tu ressens : « Je suis en colère parce que… » ou « Je ressens de la tristesse à cause de… » ;
- écris à une personne ou une situation : « Cher·ère [nom ou situation], je ressens cela, et j'aimerais que tu comprennes… » ;
- termine par une libération : « Je choisis de te pardonner, ou de pardonner cette situation, pour me libérer et avancer avec légèreté. »

Transforme ou détruis la lettre

- Brûle-la en visualisant que la fumée emporte tes émotions dans l'Univers.
- Déchire-la et enterre les morceaux, comme pour les rendre à la Terre.
- Garde-la si tu veux y revenir plus tard pour observer ton évolution.

EXEMPLE : UNE LETTRE À UNE JOURNÉE DIFFICILE

« Chère Journée du chaos,

Tu m'as testée dès le matin. Mon café a débordé, Kawa a miaulé non-stop et cette réunion interminable a mis mes nerfs à rude épreuve. J'ai ressenti de la frustration, de l'épuisement et un soupçon de colère. Mais je choisis de libérer tout cela. Merci pour les leçons, même si elles étaient bien cachées. Je lâche prise et je me tourne vers la sérénité. »

Les affirmations positives : cultiver une énergie renouvelée

Pourquoi les affirmations fonctionnent-elles ?

Les affirmations positives agissent comme des graines plantées dans ton esprit. En les répétant régulièrement, tu entraînes ton cerveau à se concentrer sur le positif et à attirer ce que tu désires vraiment dans ta vie. Elles te rappellent que tu as le pouvoir de choisir tes pensées et ton énergie.

Créer des affirmations positives

Fais-en une déclaration claire

Une bonne affirmation est simple et précise. Par exemple :

- « Je suis calme et maître·sse de mes émotions. »
- « Je mérite l'amour, la joie et l'abondance. »
- « Je suis aussi apaisé·e qu'un chat en plein rayon de soleil. »

Utilise le présent

Formule-les comme si elles étaient déjà vraies, car ton subconscient ne connaît pas la différence entre le présent et le futur.

Rends-les personnelles et puissantes

Tes affirmations doivent te parler. Ajoute une touche qui te motive ou te fait sourire.

Intégrer les affirmations dans son quotidien

Écris-les

- Note-les chaque matin pour démarrer ta journée sur une note positive.
- Affiche-les dans des endroits stratégiques : sur ton miroir, ton bureau, ou même dans ton carnet préféré (que Kawa n'a pas encore grignoté).

Répète-les

- Récite-les à voix haute avec conviction. Fais-en un jeu en les chantonnant ou en les murmurant à Kawa.
- Intègre-les dans tes moments de calme, comme pendant une promenade ou en préparant ton thé.

Visualise-les

Ferme les yeux, répète ton affirmation et imagine-la prendre vie. Par exemple, si tu dis : « Je suis serein·e », visualise-toi paisiblement assis·e dans un jardin ensoleillé.

Exemple de rituel complet : libération et affirmations

Écris une lettre de libération

Adresse-la à une situation stressante ou à une émotion pesante. Par exemple :

« Cher Stress, tu m'as accompagné·e toute la journée et je t'ai laissé prendre trop de place. Mais maintenant, je choisis de te libérer. Merci pour cette leçon sur mes limites, mais je n'ai plus besoin de toi aujourd'hui. »

Transforme ta lettre

Brûle-la ou déchire-la, en disant : « Je rends cette énergie à l'Univers pour qu'elle soit transformée en lumière. »

Note tes affirmations positives

Après avoir libéré, remplace cette énergie par des affirmations comme :

- « Je suis calme et aligné·e avec mes intentions. »
- « Chaque jour, je me rapproche de ma meilleure version. »
- « Je choisis la sérénité et la joie. »

Répète-les

Récite-les trois fois avec intention, en te concentrant sur les mots et leur résonance en toi.

Et si Kawa décide de s'inviter?

Si Kawa s'allonge sur ta lettre ou vole ton stylo en plein milieu du rituel, prends cela comme un rappel : même dans les moments les plus sérieux, un peu d'humour et de légèreté ne font jamais de mal. D'ailleurs, peut-être que son intervention est un signe que tu es déjà en train de transformer ton énergie – après tout, les chats sont des experts en magie du quotidien.

EN RÉSUMÉ

Libère et rééquilibre ton énergie

Les lettres de libération te permettent de vider ton esprit et ton cœur de ce qui te pèse, tandis que les affirmations positives remplissent cet espace avec des énergies constructives et lumineuses. Ensemble, ces pratiques simples mais profondes t'aident à cultiver un état d'esprit équilibré et harmonieux.

Alors prends ton stylo, ton carnet, et crée un petit moment magique pour toi-même. Et si Kawa décide de participer, laisse-le t'inspirer : après tout, personne ne maîtrise mieux l'art de vivre dans l'instant présent que lui.

Cultiver son énergie positive : le journal de gratitude

La gratitude, c'est un peu comme un rayon de soleil : elle illumine même les journées les plus grises, réchauffe ton cœur et fait fleurir ton énergie positive. Et le meilleur moyen de cultiver cette magie au quotidien ? Un journal de gratitude, bien sûr !

Ce petit carnet n'est pas juste un outil pour faire joli sur ta table de chevet (même si Kawa le trouve parfaitement adapté comme repose-pattes). C'est un espace sacré pour reconnaître les belles choses de ta vie, grandes ou petites, et pour transformer ta perspective en un aimant à bonnes vibrations.

Pas besoin de moments spectaculaires pour remplir ton journal : une tasse de thé bien chaud, le ronronnement apaisant de Kawa ou même un rayon de soleil qui traverse la fenêtre suffisent pour nourrir ton esprit de lumière et d'appréciation.

Pourquoi tenir un journal de gratitude?

Pour voir la vie sous un autre angle

Quand tu te concentres sur ce qui va bien, même les petites choses, ton cerveau commence à remarquer davantage les aspects positifs de ton quotidien. C'est comme réajuster une paire de lunettes pour y voir plus clair.

Pour recharger son énergie

Prendre quelques minutes pour noter tes gratitudes, c'est comme brancher ton esprit à une prise de bonheur. Cela te rappelle que même dans les moments difficiles, il y a toujours des choses à apprécier.

Pour attirer plus de positif

La gratitude a un effet boule de neige : plus tu en exprimes, plus tu attires de situations qui te donnent des raisons d'être reconnaissant·e. C'est de la Mundane Magick en action.

Comment commencer un journal de gratitude?

Choisir son carnet magique

Prends un carnet qui te plaît. Cela peut être un cahier simple ou un beau journal décoré. Si Kawa décide que c'est aussi son nouveau terrain de jeu, garde un carnet de rechange pour les interruptions félines.

Préparer son espace

Crée une ambiance agréable pour écrire :

- allume une bougie ;
- prépare une tasse de thé ou de tisane ;
- mets une musique douce ou profite du silence.

Poser une intention

Avant de commencer, prends un moment pour poser une intention, comme :

- « Je choisis de me concentrer sur les bénédictions de ma vie. »
- « J'ouvre mon cœur à la gratitude et à la joie. »

Que noter dans son journal de gratitude ?

Les petites joies du quotidien

Même les choses simples comptent, comme :

- « Le sourire d'un·e inconnu·e ce matin. »
- « Mon thé qui était à la température parfaite. »
- « Kawa qui m'a offert un câlin inattendu (rare, mais précieux). »

Les moments marquants

Si tu as vécu quelque chose de spécial, note-le, avec tous les détails :

- « Cette conversation avec mon amie m'a vraiment touché·e. »
- « J'ai terminé ce projet au travail et je me sens fier·ère de moi. »

Les apprentissages cachés

Même les défis peuvent être des sources de gratitude :

- « Cette journée stressante m'a appris à mieux gérer mon temps. »
- « Je suis reconnaissant·e pour cette erreur, car elle m'a montré une meilleure façon de faire. »

Les gens et les êtres vivants

Exprime ta gratitude pour les personnes, animaux (oui, Kawa inclus) et moments partagés :

- « Je suis reconnaissant·e pour ma famille qui me soutient. »
- « Merci à Kawa pour son ronronnement thérapeutique. »

EXEMPLE D'ENTRÉE DANS TON JOURNAL DE GRATITUDE

Date : 3 janvier 2025

- Le soleil était éclatant aujourd'hui et j'ai pris 5 minutes pour m'asseoir dehors et le ressentir sur mon visage.
- Mon amie m'a envoyé un message gentil qui a illuminé ma matinée.
- J'ai savouré une tasse de café parfaite, sans interruption féline cette fois.
- Kawa a dormi sur mes genoux pendant que je lisais. Il semblait si paisible que cela m'a apaisé·e aussi.

Des idées pour enrichir son journal de gratitude

Utiliser des questions inspirantes

Si tu ne sais pas par où commencer, réponds à ces questions :

- Qu'est-ce qui t'a fait sourire aujourd'hui ?
- Quelle personne t'a aidé·e ou inspiré·e récemment ?
- Pour quel aspect de ta vie es-tu reconnaissant·e ?

Noter des citations ou des mantras

Inclus des phrases qui te rappellent la puissance de la gratitude. Par exemple :

- « La gratitude transforme ce que nous avons en assez » (Ésope).
- « Chaque jour est une nouvelle chance d'apprécier la beauté de la vie. »

Ajouter des dessins ou des collages

Si tu es d'humeur créative, illustre tes gratitudes avec des dessins simples ou colle des images ou des souvenirs qui te font sourire.

Créer un rituel quotidien

Fais de ton journal un moment sacré, que ce soit le matin pour démarrer la journée ou le soir pour clore en beauté.

Quand écrire dans son journal de gratitude?

- **Le matin :** pour commencer la journée sur une note positive.
- **Le soir :** pour terminer ta journée avec une perspective apaisante.
- **Pendant une pause :** si tu te sens submergé·e, écrire quelques gratitudes peut recentrer ton énergie.

Et si Kawa décide de participer?

Il y a de fortes chances que Kawa trouve ton moment d'écriture fascinant et vienne s'installer sur ton carnet (ou tente de voler ton stylo). Accueille cela comme une invitation à inclure une gratitude supplémentaire : « Merci à Kawa pour sa présence constante, même un peu envahissante. »

EN RÉSUMÉ

Cultive ta lumière intérieure

Le journal de gratitude est plus qu'un simple carnet : c'est un outil magique pour transformer ton quotidien, te connecter à l'instant présent et cultiver une énergie positive. Chaque mot que tu y inscris est une graine d'abondance, de sérénité et de joie.

Alors attrape ton carnet, respire profondément et commence à noter toutes les belles choses de ta vie. Et si Kawa décide de participer à sa manière, rappelle-toi que même les pattes félines sur ton journal sont une raison de sourire. Parce qu'après tout, la gratitude se trouve dans les petites choses… et parfois dans une grosse dose de poils sur ton cahier.

PARTIE VI

La magie moderne à l'ère du numérique

Dans cette ère où ton téléphone est souvent plus proche de toi que ta tasse de thé (ou Kawa), pourquoi ne pas intégrer la technologie à ta pratique magique ? Entre grimoires numériques, applications pour suivre les cycles lunaires et cercles de sorcières en ligne, les outils modernes peuvent enrichir ta Mundane Magick.

Mais, comme toujours, un peu de discernement est de mise : la technologie peut être une alliée puissante, mais elle ne remplace jamais ton intuition ni la connexion directe avec la nature et toi-même. Alors attrapons nos claviers magiques et plongeons dans cette exploration numérique.

Intégrer la technologie à sa pratique

Outils pour suivre les cycles lunaires et créer un grimoire numérique

La Lune est une partenaire puissante dans la pratique magique. Elle influence nos émotions, nos intentions, et même l'humeur de Kawa (on jure qu'il est plus capricieux en pleine lune). Alors pourquoi ne pas utiliser la technologie pour te connecter encore plus facilement à ses cycles ? Entre applications intuitives et grimoires numériques, ton téléphone ou ordinateur peut devenir un outil magique à part entière.

Les cycles lunaires à portée de clic

Pourquoi suivre les cycles lunaires ?

Les phases de la Lune – nouvelle, croissante, pleine, décroissante – sont comme des balises énergétiques. En les suivant, tu peux synchroniser tes intentions et tes rituels avec ces énergies naturelles.

- **Nouvelle lune :** pose des intentions, commence de nouveaux projets.
- **Lune croissante :** nourris tes objectifs, fais grandir ce que tu as semé.

- **Pleine lune :** célèbre, récolte les fruits de tes efforts ou clarifie ce qui ne te sert plus.
- **Lune décroissante :** relâche, purifie et prépare-toi pour un nouveau cycle.

Applications pour suivre la Lune

Les applications modernes te permettent de suivre les phases lunaires, les rétrogrades planétaires, et même de recevoir des notifications pour ne rien manquer.

Lunar Phase Calendar

Simple et intuitif, il affiche la phase actuelle de la Lune et ses correspondances astrologiques. Idéal pour savoir en un clin d'œil où en est la Lune dans son cycle.

TimePassages

Parfait si tu veux explorer l'astrologie. Cette application te donne des informations sur la position des planètes et leurs influences sur toi. Fonction bonus : des conseils pour adapter ta pratique en fonction des cycles lunaires.

My Moon Phase

Une interface élégante qui te donne la phase actuelle, les dates des prochaines phases et même des informations sur l'éclat de la Lune dans le ciel.

Créer son grimoire numérique

Pourquoi un grimoire numérique ?

Un grimoire traditionnel, avec des pages remplies à la main, c'est magnifique. Mais un grimoire numérique, c'est pratique, personnalisable et accessible où que tu sois. En plus, il est parfait pour ajouter des visuels, organiser tes notes, et même partager certaines sections avec ta communauté magique.

Comment créer un grimoire numérique ?

Choisis une plateforme

Voici quelques options selon ton style et tes besoins :

- ✦ **Google Docs ou Word en ligne :** simple et efficace. Parfait pour organiser tes sections avec des liens internes ;
- ✦ **Notion :** ultra-personnalisable avec des pages interactives, des tableaux et des visuels. Idéal pour un grimoire complet et esthétique.
- ✦ **Evernote :** parfait pour synchroniser tes notes entre différents appareils et y ajouter des photos ou des enregistrements audio.

Organise ton grimoire en sections

Un bon grimoire est structuré pour que tu puisses y naviguer facilement. Voici des idées de sections à inclure :

- ✦ **phases lunaires :** note les correspondances de chaque phase et les rituels que tu pratiques ;
- ✦ **intentions :** une page pour poser tes objectifs à chaque nouvelle lune ;
- ✦ **rituels et recettes :** garde une trace de tes mélanges d'herbes, recettes magiques ou rituels préférés ;
- ✦ **divination :** enregistre tes tirages de tarot ou de runes pour suivre les thèmes récurrents ;
- ✦ **journal de gratitude :** une section pour cultiver ton énergie positive.

À toi de choisir tes sections. Rappelle-toi : ton grimoire est personnel. Je ne cite ici que des exemples.

ASTUCE

Ajoute des liens vers des sites ou articles que tu trouves inspirants.
Intègre des images de tes autels ou de la Lune.
Crée une section « références » avec des correspondances magiques (couleurs, cristaux, herbes).

Synchroniser son grimoire avec les cycles lunaires

L'un des grands avantages d'un grimoire numérique, c'est que tu peux le mettre à jour en temps réel et le synchroniser avec les phases de la Lune. Voici comment :

Dédier une page à chaque phase lunaire

Crée une page spécifique pour chaque phase où tu peux :

- ✦ écrire tes intentions pour la nouvelle lune ;
- ✦ suivre les progrès de tes projets pendant la lune croissante ;
- ✦ réfléchir et célébrer pendant la pleine lune ;
- ✦ relâcher et noter tes leçons pendant la lune décroissante.

Utiliser des rappels numériques

Configure des notifications sur ton téléphone pour te souvenir de mettre à jour ton grimoire ou de pratiquer un rituel spécifique à la phase lunaire actuelle.

Personnaliser son contenu

Ajoute des visualisations, des méditations guidées ou même des enregistrements vocaux où tu te parles à toi-même (et à la Lune, bien sûr).

EXEMPLE DE SECTION POUR SON GRIMOIRE NUMÉRIQUE

Page : « Nouvelle lune »

Intention : « Ce cycle, je souhaite attirer plus de clarté dans ma vie. »

Rituel : méditation avec une bougie blanche et un cristal de quartz clair.

Notes : « Pendant le rituel, j'ai ressenti une grande sérénité. J'ai aussi eu l'idée de m'accorder plus de temps pour écrire. »

Et si Kawa décide d'intervenir?

Ton chat pourrait trouver ton clavier ou ton écran fascinant pendant que tu mets à jour ton grimoire numérique. Si Kawa marche sur ton clavier et écrit un « kjsdhfskjdhf », prends cela comme une bénédiction cosmique féline. Ajoute sa « contribution » dans ton grimoire pour la symbolique, parce qu'après tout, un peu d'imprévu peut aussi faire partie de la magie.

EN RÉSUMÉ

La Lune et le numérique, une alliance moderne

Intégrer la technologie à ta pratique magique, c'est te donner les moyens d'être connecté·e à la Lune et à ton énergie, où que tu sois. Avec des applications pratiques et un grimoire numérique bien organisé, tu as tout ce qu'il te faut pour allier tradition et modernité.

Alors ouvre ton téléphone ou ton ordinateur, télécharge une application et commence à bâtir ton grimoire numérique. Pour ma part, oui, je suis de la vieille école : même si j'ai beaucoup de fichiers numériques, rien de mieux qu'un bon vieux carnet et un stylo (qui a une cartouche pleine, cela va de soi).

Tarot et divination en ligne : avantages et limites

Ah, le tarot et la divination ! Ces pratiques mystérieuses et fascinantes qui semblent répondre à toutes tes questions… ou, parfois, t'en poser encore plus. Avec la magie d'Internet, ces outils ancestraux ont fait un saut dans le numérique, devenant accessibles à tout moment, où que tu sois (même si tu es confortablement installé·e avec Kawa sur les genoux).

Mais, comme pour toute chose, la divination en ligne a ses avantages et ses limites. Entre guidance instantanée et le risque de dépendre un peu trop de ton écran, il est important de savoir comment tirer parti de ces outils modernes tout en gardant ton intuition au centre.

Les avantages de la divination en ligne

Accessibilité 24/7

Tu peux consulter une application ou un site de tarot à tout moment : en pleine nuit, après une journée chaotique ou pendant que tu sirotes ton thé matinal. Pas besoin d'attendre un alignement parfait des astres (ou que Kawa ait fini sa sieste sur tes cartes physiques).

Des outils intuitifs et pratiques

Les applications et sites de divination te proposent souvent des interprétations prêtes à l'emploi. Tu fais un tirage en quelques clics et voilà, la signification apparaît comme par magie !

Quelques outils populaires :

- **Golden Thread Tarot :** une application élégante qui offre des tirages quotidiens avec des significations claires ;
- **Labyrinthos :** pour apprendre le tarot tout en pratiquant, avec un design interactif et pédagogique ;
- **Biddy Tarot :** un site incontournable pour explorer les cartes et leurs interprétations.

Idéal pour les débutant·e·s

Si tu débutes dans le tarot ou la divination, les outils numériques sont parfaits pour t'accompagner. Ils t'aident à mémoriser les significations des cartes, te guident dans tes tirages et te donnent confiance pour interpréter les messages.

Connexion avec une communauté globale

Les plateformes en ligne te permettent de partager tes tirages, de demander des avis ou de participer à des tirages collectifs. Cela ajoute une dimension sociale et collaborative à ta pratique.

Moins d'attachement émotionnel aux cartes physiques

Les cartes numériques n'ont pas besoin d'être purifiées après une séance intense (et ne risquent pas de finir couvertes de poils de Kawa).

Les limites de la divination en ligne

Manque de connexion tactile

Rien ne remplace la sensation de mélanger les cartes entre tes mains, de sentir leur énergie et de choisir celles qui t'appellent. Avec le numérique, cette interaction physique disparaît, ce qui peut affaiblir ton lien intuitif.

Interprétations génériques

Les applications et sites offrent des significations standardisées. Bien qu'utiles, elles ne prennent pas en compte le contexte unique de ta question ni ton intuition personnelle.

Risque de dépendance

Quand tout est à portée de clic, il peut être tentant de consulter les cartes en ligne pour tout et n'importe quoi. Le danger ? Remplacer ton propre jugement par celui d'un algorithme.

Écrans, écrans, écrans

La divination est censée te connecter à ton monde intérieur. Si tu passes tout ton temps sur un écran, tu risques de perdre ce lien essentiel avec toi-même.

Comment tirer le meilleur parti du tarot et de la divination en ligne ?

Les utiliser comme outil complémentaire

Le tarot numérique est parfait pour les tirages rapides ou pour t'inspirer, mais n'oublie pas de te reconnecter à tes cartes physiques pour des séances plus profondes et intuitives.

Méditer avant et après un tirage

Même en ligne, prends le temps de poser une intention claire avant de cliquer sur « tirage ». Respire profondément, centre-toi et visualise ta question. Après le tirage, médite sur les messages reçus pour les relier à ta vie.

Faire confiance à son intuition

Les interprétations numériques sont utiles, mais elles ne remplacent pas ton instinct. Si une carte te parle différemment de ce que dit l'application, fais confiance à ce que tu ressens.

Fixer des limites

Pour éviter de devenir accro aux tirages numériques, impose-toi des règles :

- ✦ pas plus d'un tirage par jour ;
- ✦ prends le temps d'intégrer les messages reçus avant de poser une nouvelle question.

Exemple pratique : une séance de tarot en ligne équilibrée

Prépare ton espace

Même si tu utilises une application, installe-toi dans un endroit calme. Allume une bougie, mets une musique douce ou prends un cristal en main.

Pose une intention claire

Formule ta question avec précision, comme :

- « Quel est le meilleur conseil pour naviguer dans cette situation ? »
- « Quelle énergie dois-je accueillir aujourd'hui ? »

Tire les cartes en ligne

Utilise une application ou un site pour faire ton tirage. Note les cartes obtenues et leurs significations.

Analyse avec ton intuition

Lis les interprétations proposées, mais réfléchis aussi à ce que les cartes signifient pour toi. Relie-les à ton expérience et à ton ressenti.

Médite ou écris

Après le tirage, prends un moment pour méditer sur le message ou l'écrire dans ton journal magique. Cela t'aidera à l'intégrer et à t'en souvenir. Je note tous mes tirages. C'est aussi une façon de pouvoir y revenir dans le futur. J'y ai d'ailleurs dédié un carnet de notes.

Et si Kawa s'invite dans la divination?

Si ton chat décide de marcher sur ton clavier ou de renverser ton téléphone pendant un tirage, ne te décourage pas. Vois cela comme un message : peut-être que l'Univers te demande de ralentir, de reformuler ta question ou simplement de jouer avec Kawa. Après tout, même les interruptions félines peuvent être pleines de sagesse (ou d'impertinence).

EN RÉSUMÉ

Équilibre entre ancien et moderne

Le tarot et la divination en ligne sont des outils pratiques et modernes qui peuvent enrichir ta pratique magique. Utilisés avec intention et discernement, ils te permettent d'explorer des messages subtils et de te connecter à une guidance plus large. Mais souviens-toi que la véritable magie réside en toi et dans ton intuition – aucun algorithme ne pourra la remplacer.

Alors explore le numérique avec sagesse, mélange tes cartes physiques de temps en temps et garde toujours un œil sur Kawa : qui sait, peut-être qu'il est ton oracle personnel?

Les communautés virtuelles

Cercles de sorcières en ligne : partager et renforcer l'énergie collective

Autrefois, les sorcières se réunissaient dans des clairières, chuchotaient des incantations à la lueur de la Lune et partageaient leurs savoirs autour d'un feu. Aujourd'hui, elles allument une bougie, se connectent à Zoom et se saluent avec un sourire derrière leurs écrans. Les cercles de sorcières en ligne sont la version moderne de ces rassemblements ancestraux, prouvant que la magie peut voyager à travers les fils invisibles d'Internet.

Ces cercles virtuels ne sont pas simplement des groupes de discussion. Ce sont des espaces sacrés, où des individus venant des quatre coins du monde se retrouvent pour échanger, apprendre et amplifier leur énergie collective. Que tu sois une sorcière solitaire cherchant à rompre l'isolement ou une pratiquante expérimentée voulant partager ses connaissances, les cercles en ligne sont une opportunité précieuse pour nourrir ta pratique et renforcer ton lien avec les autres.

Pourquoi rejoindre un cercle de sorcières en ligne?

L'énergie collective multiplie son pouvoir

Quand plusieurs personnes se rassemblent avec une intention commune, leur énergie s'amplifie. Un cercle en ligne, bien qu'immatériel, peut créer une vibration puissante qui transcende les écrans. Imagine chaque participant·e comme une étoile connectée à une constellation lumineuse : ensemble, vous créez une force bien plus grande que la somme de vos énergies individuelles.

Pour apprendre et s'inspirer des autres

Les cercles en ligne rassemblent des praticien·ne·s de tous horizons, avec des pratiques, des traditions et des savoirs différents. C'est une véritable richesse pour découvrir de nouvelles perspectives et enrichir ta propre magie. Peut-être qu'un·e membre te fera découvrir une méthode de méditation lunaire ou un rituel que tu n'aurais jamais imaginé.

Pour briser l'isolement

La voie de la sorcière peut parfois sembler solitaire, surtout si tu vis dans un endroit où les communautés spirituelles sont rares. Un cercle en ligne te permet de rencontrer des personnes qui partagent tes valeurs et ta passion pour la magie, où que tu sois dans le monde.

Une flexibilité magique

Pas besoin de te déplacer ou de sortir sous la pluie (à moins que tu adores cela). Depuis ton canapé, en pyjama si tu le souhaites, tu peux participer à des rituels, des discussions, ou même simplement écouter et ressentir l'énergie collective.

Où trouver des cercles de sorcières en ligne ?

Groupes sur les réseaux sociaux

Facebook, Instagram et même TikTok regorgent de communautés actives. Rejoins des groupes spécialisés autour des thèmes qui t'intéressent, comme les phases lunaires, la divination ou les pratiques éclectiques.

Plateformes dédiées

Des sites comme **Discord**, **Meetup**, ou **Coven Cloud** accueillent des cercles virtuels où tu peux participer à des discussions ou des rituels en direct.

Cercles privés ou abonnements

Certaines sorcières ou praticien·ne·s expérimenté·e·s proposent des cercles fermés *via* des abonnements mensuels. Cela peut inclure des ateliers en ligne, des méditations guidées ou des rituels spécifiques. Ces cercles offrent souvent une expérience plus personnalisée et intime.

Créer son propre cercle

Si tu ne trouves pas de groupe qui te correspond, pourquoi ne pas en créer un ? Invites-y des ami·e·s ou des connaissances partageant tes intérêts et commencez à bâtir un espace magique ensemble.

Comment se préparer pour un cercle en ligne ?

Même si tu participes virtuellement, préparer ton espace et ton esprit est essentiel pour te connecter pleinement à l'énergie du groupe. Voici quelques idées pour optimiser ton expérience :

Préparer son espace physique

- **Crée une ambiance sacrée :** allume une bougie, diffuse une huile essentielle (la lavande ou le cèdre sont parfaits) ou place un cristal à proximité.
- **Garde un objet symbolique à portée de main :** cela peut être une carte de tarot, une amulette ou même une tasse de thé qui t'apaise.
- **Minimise les distractions :** explique à Kawa que c'est un moment sérieux (même s'il décide quand même de marcher sur ton clavier).

Rassembler son matériel

Selon le thème du cercle, tu pourrais avoir besoin de certains outils, comme un carnet pour prendre des notes, un jeu de tarot ou des herbes pour un rituel collectif.

Préparer son esprit

Médite quelques minutes avant de te connecter pour te recentrer. Fixe une intention pour ta participation, par exemple : « Je me connecte pour apprendre et partager avec bienveillance. »

EXEMPLE DE DÉROULEMENT D'UN CERCLE EN LIGNE

Imagine que tu participes à un cercle dédié à la pleine lune. Voici comment cela pourrait se passer :

- **Introduction et accueil :** chaque participant·e se présente brièvement, partageant son intention ou son objectif pour le cercle.
- **Méditation collective :** l'hôte guide une méditation pour vous connecter à l'énergie de la pleine lune et synchroniser vos vibrations.
- **Rituel collaboratif :** chacun·e allume une bougie et partage une affirmation ou une intention. Ensemble, vous visualisez un cercle lumineux qui relie toutes les personnes présentes, amplifiant vos énergies.
- **Partage et clôture :** les membres échangent leurs ressentis ou posent des questions. Le cercle se termine par des remerciements mutuels et un adieu chaleureux.

Les avantages uniques des cercles virtuels

- **Partager à l'échelle mondiale :** les cercles en ligne transcendent les frontières géographiques. Tu peux pratiquer avec des sorcières d'autres cultures, apprendre leurs traditions et enrichir ta propre magie.
- **Conserver des souvenirs :** les cercles virtuels te permettent souvent de garder une trace des échanges : enregistrements de rituels, discussions partagées ou notes écrites.
- **Être flexible dans l'engagement :** tu peux participer activement ou simplement écouter. Même en silence, tu bénéficies de l'énergie collective.

Les limites des cercles en ligne

Aussi merveilleux soient-ils, ces cercles ont quelques limites à garder en tête.

- **Connexion numérique *vs* connexion réelle :** l'écran peut parfois créer une barrière émotionnelle ou énergétique.
- **Problèmes techniques :** une coupure de connexion ou un micro défaillant peuvent perturber l'expérience.
- **Distractions :** notifications, bruits de fond ou, bien sûr, Kawa qui décide que c'est le moment idéal pour miauler.

Créer son propre cercle en ligne : une magie partagée

Si tu rêves d'un espace magique qui te ressemble, créer ton cercle en ligne est une aventure enrichissante. Voici comment :

- **choisis un thème ou une intention :** un cercle pour célébrer les cycles lunaires, explorer un thème spécifique comme la divination ou simplement pour partager des pratiques quotidiennes ;
- **fixe des règles bienveillantes :** assure-toi que ton cercle reste un espace respectueux et sûr pour tou·te·s les participant·e·s ;

✦ **anime avec authenticité** : que tu sois débutant·e ou expérimenté·e, ta sincérité est ce qui rendra ton cercle magique et attrayant.

Et si Kawa s'invite dans le cercle?

Les chats ont un don pour s'incruster dans les moments clés. Si Kawa saute sur ton clavier pendant un rituel collectif ou renverse ta tasse de thé, considère cela comme une intervention cosmique féline. Ajoute même une gratitude spéciale pour lui lors de la clôture : « Merci à Kawa pour sa supervision… intense. »

EN RÉSUMÉ

Une magie collective, même à distance

Les cercles de sorcières en ligne sont une opportunité magnifique de se connecter, d'apprendre et de pratiquer en communauté, même à travers un écran. Ils te rappellent que, peu importe où tu te trouves, la magie est partout… Surtout si elle inclut une touche de créativité moderne et un soupçon de complicité féline.

Réseaux sociaux et *vision boards* digitaux : manifester ses intentions

Les réseaux sociaux : cet univers fascinant où les chats règnent en maîtres (Kawa l'approuve), où les photos de *latte art* cohabitent avec des citations inspirantes et où la magie moderne trouve aussi sa place. Si tu penses que scroller ton feed Instagram n'a rien de magique, détrompe-toi ! Avec un peu de créativité et beaucoup d'intention, les réseaux sociaux et les outils digitaux peuvent devenir des alliés puissants pour manifester tes rêves et renforcer ta Mundane Magick.

Les réseaux sociaux : un espace pour la magie (avec modération)

Les réseaux sociaux ne sont pas qu'une distraction. Ils peuvent être des outils magiques pour t'inspirer, te connecter à des communautés et même poser des intentions. Mais comme pour tout, il s'agit de les utiliser avec discernement et de ne pas te laisser submerger par leur côté addictif (ou par les vidéos de Kawa en train de faire des bêtises).

Trouver son inspiration magique

Suis des comptes qui nourrissent ta magie
Sur Instagram, TikTok ou Pinterest, il existe des milliers de créateurs partageant leurs rituels, leurs autels et leurs pratiques spirituelles. En suivant ces comptes, tu peux découvrir de nouvelles idées et techniques pour enrichir ta pratique.

Cherche des hashtags comme #MundaneMagick, #RituelsLunaires ou #VisionBoard pour explorer des contenus alignés avec tes intentions.

Attention : tout ce qui brille n'est pas magique
Souviens-toi que la magie n'a pas besoin d'être instagrammable pour être puissante. Les autels parfaitement décorés et les cristaux scintillants ne sont qu'une facette de la pratique – ta connexion personnelle avec tes rituels est ce qui compte vraiment.

Partager sa propre magie (si on en a envie)

Créer et partager avec intention
Si tu te sens à l'aise, utiliser les réseaux sociaux pour documenter ta pratique peut être une manière de manifester tes intentions. Par exemple :

- ✦ partage une photo de ton autel en précisant l'intention qui l'accompagne ;
- ✦ publie une affirmation ou un mantra que tu utilises actuellement ;
- ✦ écris un post sur une leçon ou un rituel qui t'a marqué·e.

Rappelle-toi : la magie reste personnelle
Tu n'es pas obligé·e de tout montrer. Certains rituels ou intentions gagnent à rester privés pour préserver leur énergie.

Les *vision boards* digitaux : un outil puissant pour manifester ses rêves

Les *vision boards*, ou tableaux de visualisation, sont des outils magiques qui t'aident à clarifier tes intentions et à te concentrer sur tes objectifs. Les versions digitales ont l'avantage d'être accessibles partout : sur ton téléphone, ton ordinateur ou même en fond d'écran.

Pourquoi créer un *vision board* digital ?

- ✦ **Clarté :** en rassemblant des images, des mots et des couleurs qui reflètent tes rêves, tu visualises plus clairement ce que tu veux attirer dans ta vie.

- **Accessibilité :** contrairement à un tableau physique, tu peux emporter ton *vision board* partout.
- **Motivation :** le revoir régulièrement te rappelle de garder ton énergie alignée avec tes objectifs.

Comment créer un *vision board* digital ?

Choisir une plateforme

- **Canva :** simple, esthétique et parfait pour personnaliser ton tableau avec des images, des textes et des couleurs.
- **Pinterest :** crée un tableau privé où tu épingles des images inspirantes correspondant à tes intentions.
- **Ton téléphone :** assemble tes images préférées dans une galerie et définis-les comme fond d'écran.

Ajouter des éléments clés

- **Images :** représente visuellement tes objectifs (une maison accueillante, des paysages naturels ou des symboles comme des papillons ou des étoiles).
- **Mots et phrases :** ajoute des affirmations ou des mots-clés qui résonnent avec tes intentions, comme « abondance », « calme » ou « créativité ».
- **Couleurs :** utilise des teintes associées à tes désirs (le vert pour la croissance, le bleu pour la sérénité, le doré pour la prospérité).

Intégrer son *vision board* dans sa routine

- **Revisite-le régulièrement :** prends quelques minutes chaque jour pour regarder ton *vision board*, respirer profondément et visualiser tes intentions comme si elles étaient déjà réalisées.
- **Crée un rituel d'activation :** pendant une pleine lune ou une nouvelle lune, ouvre ton *vision board* et médite sur les éléments qui s'y trouvent. Renforce ton lien avec tes intentions en les répétant à voix haute.

- **Partage avec soin :** si tu veux montrer ton *vision board* à d'autres personnes, assure-toi que cela te met à l'aise. Parfois, garder tes intentions privées les protège des influences extérieures.

ASTUCE ASSOCIE TON *VISION BOARD* À TON TÉLÉPHONE

Transforme ton fond d'écran ou ton écran de verrouillage en mini-*vision board*. Chaque fois que tu regardes ton téléphone (et, soyons honnêtes, c'est souvent), cela te rappellera tes objectifs et l'énergie que tu veux manifester.

Les limites et pièges à éviter

- **Trop d'exposition :** partager tes intentions sur les réseaux sociaux ou ton *vision board* avec tout le monde peut diluer leur puissance. Fais preuve de discernement et garde certaines choses pour toi.
- **Le piège de la comparaison :** sur les réseaux sociaux, tout semble toujours parfait. Rappelle-toi que chacun·e est sur son propre chemin et que ta magie n'a pas besoin d'être « instagrammable » pour être puissante.
- **Trop d'écran, pas assez de pratique réelle :** regarder des inspirations en ligne, c'est bien, mais n'oublie pas de passer à l'action. La vraie magie réside dans ce que tu fais, pas seulement dans ce que tu planifies.

Et si Kawa s'invite dans ta magie digitale ?

Si ton chat décide de marcher sur ton clavier pendant que tu crées ton ***vision board*** ou de renverser ta tasse pendant un post Instagram, prends cela avec humour. Peut-être qu'il ajoute sa propre touche à ton intention ou qu'il te rappelle de rester ancré·e dans le moment présent.

EN RÉSUMÉ

Une magie moderne et consciente

Les réseaux sociaux et les *vision boards* digitaux sont des outils puissants pour manifester tes intentions, à condition de les utiliser avec équilibre et intention. Ils te permettent de rêver en grand, de garder tes objectifs en tête et de te connecter à une communauté mondiale de praticien·ne·s.

Alors prends ton téléphone ou ton ordinateur, trouve des images, écris des affirmations et laisse la magie opérer. Et si Kawa saute sur ton écran, considère cela comme une bénédiction féline : qui sait, peut-être qu'il sent déjà l'énergie en mouvement ?

CONCLUSION

Réenchanter sa vie un geste à la fois

Et voilà, tu es arrivé·e au bout de ce voyage à travers la Mundane Magick. Mais ne te méprends pas, ce n'est pas la fin, loin de là. C'est plutôt un nouveau départ, une invitation à voir le monde sous un angle différent, plus lumineux, plus vibrant, et surtout plus magique.

La magie du quotidien : un chemin de transformation

La Mundane Magick, c'est bien plus qu'un ensemble de rituels ou d'astuces pour embellir ta journée. C'est un véritable chemin de transformation personnelle, pavé de simplicité et de constance, où chaque pas t'amène un peu plus près de toi-même. Et le plus beau dans tout ça ? Ce chemin n'exige ni perfection, ni cérémonies grandioses. Il commence là où tu es, avec ce que tu as sous la main… et peut-être même avec Kawa en assistant involontaire.

Transformer l'ordinaire en extraordinaire

La magie du quotidien ne cherche pas à tout révolutionner d'un coup. Elle te propose de transformer l'ordinaire – ce qui semble banal ou répétitif – en un espace d'intention et de connexion. Une tasse de café n'est plus seulement une boisson chaude, mais un moment pour poser tes intentions pour la journée. Faire le ménage devient une danse de purification énergétique (même si tu dois expliquer à Kawa que l'aspirateur n'est pas un monstre).

Chaque geste conscient devient une brique pour construire une vie plus alignée, plus apaisée. Et peu importe si certains jours, tu ne ressens rien de « magique ». La transformation, c'est un processus, pas une destination.

Un chemin qui respecte ton rythme

Ce chemin n'a pas de règles rigides ni de calendrier imposé. Il s'adapte à toi, à tes besoins et à ton énergie. Tu avances à ton propre rythme, un petit pas après l'autre. Peut-être que tu commences par un rituel simple, comme allumer une bougie pour te recentrer. Peut-être que certains jours, ta seule magie est de respirer profondément et de sourire malgré les défis.

Et c'est parfait comme ça. La magie du quotidien t'apprend à être doux·ce avec toi-même, à accepter que chaque jour est différent et que même les petites actions peuvent avoir un impact profond sur ton bien-être.

Une transformation personnelle et collective

En changeant ta perspective et en apportant de la magie à ton quotidien, tu participes à quelque chose de plus grand. Car lorsque tu illumines ton propre monde, tu rayonnes aussi vers les autres. Un geste magique, une intention bienveillante ou même un sourire sincère peuvent avoir un effet papillon, réenchantant le monde à petite échelle.

Alors ne sous-estime jamais l'impact d'un rituel, aussi simple soit-il. Ce n'est pas seulement toi que tu transformes, c'est aussi ton environnement.

Et si la transformation était aussi joyeuse?

N'oublie pas que ce chemin n'a pas besoin d'être solennel ou sérieux. L'humour, la légèreté et même les imprévus font partie de la magie. Quand Kawa saute sur ton autel ou décide que ton grimoire est un coussin, ce n'est pas un « échec », c'est une leçon cosmique sur l'imprévu et l'acceptation.

En cheminant avec légèreté, tu te rappelles que la transformation n'est pas une contrainte, mais une aventure. Une aventure où chaque jour tu te donnes l'opportunité d'apporter un peu plus de lumière dans ta vie… et peut-être aussi dans celle des autres.

Un chemin qui commence ici et maintenant

La magie du quotidien n'attend pas que tu sois « prêt·e », que tu aies le « bon » matériel ou que les étoiles soient alignées. Elle commence là, tout de suite, dans cet instant présent. Dans cette respiration que tu prends. Dans cette intention que tu poses. Dans ce sourire que tu offres, même à toi-même.

C'est un chemin d'émerveillement, de simplicité et de transformation continue. Et surtout, c'est le tien. Alors avance à ton rythme, expérimente, crée et transforme. Et souviens-toi : la magie est toujours là, prête à t'accompagner.

Créer sa propre version de la magie

La magie, c'est personnel. Ce que tu as lu dans ces pages, c'est un point de départ, un bouquet d'idées et d'inspirations, mais ce n'est pas un manuel universel à suivre à la lettre. Car la véritable magie, celle qui te transformera, c'est celle que TU crées.

Ton intuition est ton meilleur guide

Tu as probablement déjà remarqué que certaines idées résonnent en toi, tandis que d'autres te laissent un peu indifférent·e. Et c'est normal. La Mundane Magick n'a pas vocation à être une pratique rigide : elle est faite pour s'adapter à toi, pas l'inverse. Alors écoute ton intuition. Laisse-la te montrer ce qui te parle le plus et ce qui te nourrit véritablement.

Peut-être que tu es attiré·e par les rituels lunaires ou que tu trouves ta magie dans des gestes encore plus simples : un soupir de gratitude devant un ciel étoilé, un sourire échangé avec un·e inconnu·e ou même une playlist spéciale pour célébrer la pleine lune (oui, danser peut être un rituel magique).

La beauté de la Mundane Magick : la liberté

Il n'y a pas de règles absolues, pas de « tu dois ». Tu peux combiner des pratiques, en inventer de nouvelles ou même tout chambouler si l'envie te prend. La Mundane Magick, c'est un art vivant, en constante évolution. Elle s'adapte à tes besoins, à ton énergie et à ton humeur du jour.

Voici quelques idées pour personnaliser ta magie :

- **crée des rituels qui te ressemblent :** si tu n'es pas du matin, inutile de forcer un rituel à l'aube. Trouve un moment qui te convient mieux ;
- **utilise des objets qui ont du sens pour toi :** un bijou offert par un·e proche, une tasse préférée, ou même un caillou ramassé lors d'une balade peuvent devenir des outils magiques ;
- **mélange les influences :** que tu sois attiré·e par l'astrologie, la nature ou les technologies modernes, tout peut cohabiter harmonieusement dans ta pratique.

Ose expérimenter

La magie du quotidien, c'est aussi un laboratoire. Parfois, un rituel te parlera tout de suite. D'autres fois, tu te rendras compte qu'il ne te correspond pas, et c'est parfaitement OK. L'essentiel, c'est d'essayer, d'ajuster et de créer une pratique qui te fait vibrer.

Ne crains pas de mélanger des éléments improbables. Une méditation avec un café à la main ? Pourquoi pas. Une danse improvisée pour te libérer d'une mauvaise énergie ? Absolument. Si cela te connecte à toi-même, c'est que c'est magique.

Ta magie, ton style

Peut-être que ta pratique sera douce et apaisante, avec des rituels tournés vers l'introspection. Ou peut-être qu'elle sera joyeuse et pétillante, pleine de musique, de rires et de surprises. L'important, c'est qu'elle te ressemble.

Et n'oublie pas : la magie n'a pas besoin d'être sérieuse pour être puissante. Les moments où Kawa interrompt ton rituel ou où tu te surprends à rire de toi-même sont tout aussi magiques que les méditations profondes.

Un processus en constante évolution

Ta version de la magie ne sera jamais figée. Elle évoluera avec toi, au fil de tes expériences, de tes besoins et de tes découvertes. Ce qui te parle aujourd'hui pourrait changer demain, et c'est ça, la beauté de la Mundane Magick.

Chaque étape de ton chemin est une opportunité d'explorer et de réinventer ta pratique. Et peu importe à quoi elle ressemble, tant qu'elle te nourrit et t'apporte ce petit soupçon d'émerveillement qui réenchante ton quotidien.

EN RÉSUMÉ

Fais-toi confiance

La Mundane Magick, c'est une invitation à créer. À expérimenter. À t'approprier les gestes et les rituels pour les transformer en quelque chose qui te parle vraiment. Alors prends ce qui te fait vibrer, laisse de côté ce qui ne te convient pas et, surtout, amuse-toi dans le processus.

Ta magie, c'est toi. Unique, vivante et belle dans sa simplicité.

Réenchanter le monde, un geste à la fois

Réenchanter le monde, c'est un grand projet, n'est-ce pas ? Ça sonne presque comme une mission pour un super-héros avec une cape scintillante. Mais la vérité, c'est que tu n'as pas besoin d'un costume extravagant ni d'un grimoire poussiéreux pour apporter de la magie autour de toi. Cela commence par des gestes simples, parfois si petits qu'ils semblent presque insignifiants... Et pourtant, leur impact peut être immense.

Pourquoi réenchanter le monde ?

Le quotidien peut parfois sembler un peu terne, un peu routinier. Les factures, les bouchons, ou même Kawa qui renverse ton verre d'eau, peuvent te donner l'impression que la magie a pris congé. Mais en vérité, elle est toujours là, prête à jaillir à travers toi. Réenchanter le monde, c'est choisir de voir au-delà des apparences et d'infuser chaque instant d'un soupçon d'intention et de lumière.

Et, non, tu n'as pas besoin de changer tout le monde en un clin d'œil. Le réenchantement commence par toi, par un geste, un mot ou un regard. Et de fil en aiguille, ces petites actions magiques se propagent, comme des ondes dans l'eau.

La magie des petits gestes

Tu veux réenchanter le monde ? Voici quelques idées simples mais puissantes :

- ✦ **souris (même à un·e inconnu·e)** : ce n'est pas un sort spectaculaire, mais crois-moi, un sourire sincère peut illuminer la journée de quelqu'un ;

- **exprime ta gratitude** : dis merci à la barista qui te prépare ton café ou à Kawa pour son rôle de superviseur cosmique (même s'il miaule plus qu'il n'aide) ;
- **offre un moment de bienveillance :** écoute quelqu'un avec attention, tiens une porte ou partage un mot d'encouragement ;
- **crée une ambiance magique autour de toi :** allume une bougie, diffuse une musique apaisante ou laisse une fleur sur une table pour embellir l'espace.

Ces gestes, aussi simples soient-ils, portent une énergie qui résonne bien au-delà de toi.

Réenchante ton monde pour inspirer les autres

Quand tu choisis d'apporter de la magie dans ton quotidien, tu inspires aussi ceux qui t'entourent. Tu montres qu'il est possible de transformer une routine en un rituel, une tâche banale en un moment sacré, un jour ordinaire en une célébration discrète.

Imagine ceci :

- tu allumes une bougie pour honorer un instant de calme, et quelqu'un près de toi décide de faire pareil ;
- tu plantes une petite graine de gratitude chez quelqu'un qui, à son tour, répandra cette énergie ailleurs ;
- tu mets intentionnellement du cœur dans un repas, et la personne qui le partage avec toi repart nourrie, bien plus qu'à travers la nourriture.

C'est ainsi que, un geste à la fois, tu participes à réenchanter ton petit coin du monde.

La magie de la contagion positive

La magie a ceci de merveilleux : elle est contagieuse. Quand tu fais quelque chose avec intention et amour, cela se reflète dans ton énergie. Et cette énergie, crois-le ou non, est perceptible par les autres, même à travers des gestes anodins.

Rappelle-toi : réenchanter le monde ne signifie pas sauver tout le monde ou porter le poids de l'univers sur tes épaules (c'est déjà assez dur de gérer Kawa). Cela signifie simplement choisir, chaque jour, d'apporter une petite étincelle de lumière là où tu es.

Un monde magique, un geste à la fois

Chaque fois que tu transformes une routine en rituel, chaque fois que tu choisis la gratitude plutôt que l'agacement ou que tu offres un sourire au lieu d'un soupir, tu fais un pas vers un monde réenchanté. Pas besoin de grands discours ou de transformations spectaculaires : la magie du quotidien, c'est tout ce dont tu as besoin.

Et qui sait ? Peut-être que ton geste inspirera quelqu'un d'autre, qui en inspirera un·e autre, et ainsi de suite ? Un petit geste aujourd'hui peut devenir une grande vague de lumière demain.

Et si Kawa pouvait parler?

Il te dirait probablement quelque chose comme : « Tu vois, humain·e, la magie est simple. Elle est dans le ronronnement, dans le rayon de soleil qui chauffe mes poils et dans cette croquette parfaitement croustillante. Si moi, je peux réenchanter ma journée avec ça, tu peux sûrement trouver ta propre magie. »

Alors, écoute Kawa (pour une fois). Trouve la magie dans les petites choses et partage-la. Réenchanter le monde n'est pas une tâche à accomplir, c'est une manière d'être.

EN RÉSUMÉ

Réenchante avec intention

Réenchanter le monde, c'est simplement ajouter un soupçon de magie là où tu es. Ce n'est pas compliqué, ni réservé à une élite. C'est une invitation à poser une intention dans tes gestes, à créer de la lumière autour de toi et à partager cette énergie avec ceux qui croisent ton chemin.

Alors vas-y. Allume une bougie, salue la Lune ou fais un câlin à Kawa (si, et seulement si, Monsieur le veut bien). Parce qu'un monde réenchanté commence toujours par un petit geste… Et ce geste, c'est toi qui le fais.

LE MOT DE LA FIN

La magie, c'est ici et maintenant

Et voilà, nous arrivons à la dernière page de ce livre, mais certainement pas à la fin de ton aventure magique. Si tu devais retenir une seule chose de tout ce voyage, ce serait celle-ci : la magie n'a jamais été ailleurs. Elle est ici. Elle est maintenant.

Pas dans un futur lointain où tu seras « prêt·e », pas dans un passé idéalisé où tout semblait plus simple. La magie vit dans l'instant présent, dans ce que tu choisis de voir, de faire et de ressentir. Elle est là, dans ta tasse de thé fumant, dans le sourire échangé avec un·e inconnu·e, et même dans le regard un peu hautain de Kawa, qui semble dire : « Tu n'avais pas besoin de moi pour comprendre cela, mais je suis content d'avoir supervisé. »

La magie n'attend pas

Elle n'attend pas que les étoiles soient parfaitement alignées ou que tu aies un autel digne d'un compte Instagram. Elle n'attend pas que tu sois de bonne humeur ou que tout soit parfait. Non, la magie est là, même dans le chaos, même dans les jours où tu te sens un peu bancal·e. Elle est dans ta manière de poser un regard neuf sur les choses et de choisir, encore et encore, de te reconnecter à toi-même et au monde.

Un souffle, un geste, une intention

Chaque fois que tu prends une profonde inspiration, chaque fois que tu fais un geste avec intention, tu fais de la magie. Peu importe si c'est grandiose ou discret, l'important, c'est que tu sois présent·e à ce que tu fais. C'est là que réside le véritable pouvoir de la Mundane Magick : dans ces moments d'ancrage où tu choisis de voir l'extraordinaire dans l'ordinaire.

La magie, c'est toi

Ce livre t'a donné des outils, des idées et des inspirations. Mais la magie, celle qui compte vraiment, elle vient de toi. Elle est dans ton sourire, dans ta curiosité et dans ta capacité à transformer une journée ordinaire en quelque chose de spécial.

Alors prends tout ce que tu as appris, mélange-le avec ce que tu ressens et crée ta propre danse magique. Fais confiance à ton intuition, et surtout, n'oublie jamais que tout commence ici. Pas demain, pas dans une semaine. Ici. Maintenant.

Un dernier souffle magique

Respire profondément. Ressens l'air qui entre et sort de tes poumons. C'est là que tout commence, dans ce simple souffle qui te rappelle que tu es vivant·e, connecté·e et infiniment capable d'apporter de la magie à ta vie.

Et si, à ce moment précis, Kawa décide de sauter sur tes genoux ou de te regarder fixement avec ses yeux de chat omniscient, prends cela comme un signe : tu es déjà sur le bon chemin.

La magie est là, avec toi, pour toi. À chaque instant.
La magie, c'est ici et maintenant.
Avec amour et bienveillance

Lili

À propos de l'autrice

Salut, c'est moi, Lili, ta petite sorcière éclectique et autrice de ce livre que tu viens de lire (ou que tu es en train de feuilleter, c'est déjà un bon début). Si tu t'attendais à une figure mystique avec un chapeau pointu et un balai, désolée de te décevoir : je suis plutôt du genre à porter un tablier taché de thé et à me balader avec une cuillère en bois à la main. Bienvenue dans mon monde, où la magie rencontre l'ordinaire et où l'humour est l'ingrédient secret de tout sort réussi.

L'Alsace, mon chaudron magique

Je suis née et j'ai grandi en Alsace, cette terre où les maisons à colombages voisinent avec des forêts dignes des contes de fées. Ici, tout est empreint de magie, même si parfois, elle se cache sous une montagne de choucroute. Les légendes locales, les traditions et les paysages enchanteurs m'ont offert une toile de fond parfaite pour explorer la Mundane Magick.

Mais ne crois pas que je suis restée enfermée dans ma forêt alsacienne (bien que l'idée soit tentante). Je suis une grande curieuse. Ma magie, je l'ai construite en picorant ici et là, comme un moineau un peu hyperactif : un soupçon de tarot, une pincée de rituels lunaires et un gros bol de pratiques quotidiennes, parce que la vraie magie, c'est celle que l'on vit tous les jours.

Une sorcière éclectique, mais pas parfaite

Je tiens à préciser un truc : je n'ai pas la science infuse (même si j'adore infuser des tisanes). Ma magie est un joyeux bazar. Elle évolue avec moi, parfois à grands pas, parfois en trébuchant sur un livre mal rangé (merci Kawa, mon assistant félin). Mon but, ce n'est pas d'être une sorcière parfaite ou de te donner des leçons. C'est de te montrer que l'on peut vivre une vie magique sans se prendre au sérieux, tout en jonglant avec les aléas du quotidien.

Pourquoi j'écris ?

Parce que je crois profondément que la magie est partout, même si elle est parfois un peu timide. J'écris pour te montrer que tu n'as pas besoin de formules compliquées ou d'objets hors de prix pour pratiquer. Une tasse de café, une promenade en forêt ou un rayon de soleil suffisent pour créer des moments magiques.

Et surtout, j'écris pour partager ce que j'ai appris (et ce que je continue d'apprendre). Parce que la magie, c'est mieux quand on la partage, et parce que je veux que tu trouves ta propre version de la Mundane Magick, celle qui te fait vibrer et qui te ressemble.

Un dernier mot sur moi ?

Je suis Lili, une petite sorcière alsacienne avec les pieds sur terre (mais la tête souvent dans les étoiles). J'aime les rituels simples, les chats philosophes et l'idée qu'un peu de magie peut réenchanter le monde. Alors si tu te demandes encore si tu peux toi aussi être un·e magicien·ne du quotidien, laisse-moi te le dire une bonne fois pour toutes : oui, tu peux. Et tu n'as même pas besoin de balai.

Lili